El vértigo de la victoria

Álvaro Obregón

TEZONTLE

El vértigo de la victoria

Álvaro Obregón

Enrique Krauze

Investigación iconográfica: Aurelio de los Reyes

Asistente de investigación: Margarita de Orellana

Biografía del poder / 6

FONDO DE CULTURA ECONÓMICA

Primera edición,   1987
   Quinta reimpresión,   1997

Agradezco la ayuda de las siguientes personas:
María Teresa Alarcón, Patricia Arias, Aurelio
Asiáin, Federico Barrera Fuentes, Florencio
Barrera Fuentes, Rafael Carranza, Adolfo
Castañón, Julio Derbez, Lila Díaz, Javier García-
Diego, Renée González, Moisés González Navarro,
Luis González y González, Julio Gutiérrez, Alicia
Hernández, Juan Carlos Ibarra, Alberto Isaac,
Jaime Kuri, Valentín López, Josefina Moguel,
Laura Martínez, Guillermo Montaño, José
Antonio Nava, Norma Ogarrio, Margarita de
Orellana, Guadalupe Pacheco, Hortensia
Torreblanca, Eduardo Turrent, Fausto Zerón-
Medina y Mercedes Zirión de Bueno.

Diseño, portadas e interiores: Germán Montalvo
Fotografía de la portada: Jorge Pablo de Aguinaco

D. R. © 1987, FONDO DE CULTURA ECONÓMICA, S. A. DE C. V.
D. R. © 1995, FONDO DE CULTURA ECONÓMICA
Carretera Picacho-Ajusco 227; 14200 México, D. F.

ISBN 968-16-2291-X (tomo 6)
ISBN 968-16-2285-5 (obra completa)
ISBN 968-16-2785-7 (edición de lujo)

Impreso en México

Fuegos fatuos

> Porque dentro de la hueca corona que ciñe las mortales sienes del monarca, la muerte tiene su corte…
>
> SHAKESPEARE, *Ricardo II* (III, 2)

E N MI CASA éramos tantos hermanos, que cuando había queso Gruyère a mí sólo me tocaban los agujeros." Esta anécdota, una de las mil que solía contar, o inventar, el general Obregón, refleja con cierta precisión su origen. Alguna vez en la familia de Francisco Obregón y Cenobia Salido el queso Gruyère había alcanzado para todos. Pero además de tener dieciocho bocas que alimentar, la política y la naturaleza les habían sido impropicias. En 1867 el Gobierno liberal confiscó buena parte de las propiedades de la familia por las simpatías que un socio de don Francisco había mostrado por el imperio de Maximiliano. Un año después, una terrible inundación se encargó de confiscar el resto. Para el año de 1880, cuando muere el padre y nace Álvaro, el último de los hijos, la hacienda de Siquisiva, reducto de la familia, estaba en plena decadencia.

1. Vuelta al origen.
2. Usó la batuta con una banda como ésta. ▶

Los primeros años de aquel benjamín transcurren en Siquisiva. Además de la madre, lo crían tres hermanas, maestras de profesión, que no se le separarían nunca: Cenobia, María y Rosa. De niño aprende las faenas agrícolas y convive con los indios mayos. Uno de sus hermanos, José, dirige una escuela en Huatabampo. Alvaro cursa allí su educación elemental. Le atraen los libros y los poemas, pero la necesidad y una innata energía lo sacan de la escuela y lo arrojan a la vida.

A partir de la adolescencia, aquel muchacho se vuelve monedita de oro. Es bueno para todo y de todo aprende un poco. A los 13 años es autoempleado: cultiva tabaco e instala una pequeña fábrica de cigarrillos llamada La América; forma con miembros de su familia una orquesta de la que es maestro de ceremonias; aprende fotografía y carpintería, pero pronto descubre su gran habilidad para la mecánica. En 1898 es tornero de un ingenio de Navolato. Poco después es el mecánico as en el ingenio Tres Hermanos, propiedad de sus tíos Salido, prósperos hacendados del Mayo, hermanos de su madre y muy cercanos a la tríada "científica" que gobernaba Sonora: Izábal, Torres y Corral. Hacia 1904 prueba suerte como vendedor ambulante de calzado, y ese mismo año inicia, sin mucha fortuna, su carrera de agricultor. Después de algunos fracasos como aparcero debidos a las inoportunas inundaciones, en 1906, ya casado desde 1903 con Refugio Urrea, compra al Gobierno federal una pequeña finca a la que le pone el nombre de La Quinta Chilla.

3. La Quinta Chilla.

En 1907, a los 27 años de edad, Álvaro Obregón empieza a ver claro su futuro económico. El garbanzo de La Quinta Chilla lo va sacando poco a poco de la quinta chilla. Sin embargo, la naturaleza le es adversa en otro sentido, muy trágico: dos de sus cuatro hijos, entre ellos su primogénito, mueren a corta edad, y en ese mismo año muere también su mujer.

En 1909, viudo y con dos hijos pequeños —Humberto y Refugio, a quienes atienden las tres hermanas mayores que habían visto por él— Álvaro Obregón da su primera gran campanada: inventa una máquina cosechadora de garbanzo que al poco tiempo se produce en serie y se vende a todos los agricultores del Valle del Mayo. Cuando en 1910, con motivo de las fiestas del Centenario, Obregón hace su primer viaje a la ciudad de México, podía sentir el orgullo legítimo de su ya no tan modesta prosperidad.

4. Padre viudo con sus hijos Humberto y Refugio.
5. Viajó a la ciudad de México a las fiestas del Centenario.

6

6. La nueva familia.

El afán por levantar nuevamente la maltrecha economía de su familia fue, sin duda, la idea dominante en la vida temprana de Obregón, pero este esfuerzo no lo volvió un ser amargo. Al contrario: tenía fama de alegre, campechano, romántico y sobre todo simpático. A una inteligencia creadora y despierta y una gran habilidad mecánica, se asociaba en Obregón un atributo genial: la memoria. Era capaz, por ejemplo, de recordar el orden completo de una baraja dispuesta al azar, con sólo ver las cartas una vez. En Navolato se había convertido en el más temible jugador de póquer, adivinador profesional de las mentes ajenas, a quien el dueño del ingenio le pagaba por no jugar.

Pero este hombre expansivo y trabajador, ingenioso e ingeniero por naturaleza, en quien todos reconocían prendas mentales extraordinarias, ocultaba una vertiente oscura, una estela de muerte.

Algo, quizá el fallecimiento de su padre cuando Álvaro contaba apenas unos meses, debió impresionarlo a grado tal que llegó a la edad de cinco años sin hablar absolutamente nada, ni siquiera monosílabos. Aquel niño que callaba y grababa todo en su memoria, reprimía una tensión que brotó por primera vez cuando una amiga de su madre le llamó despectivamente "chango", a lo que el pequeño Álvaro respondió con humor y agresividad diciéndole "vieja loca". Los años pasaron con más alegrías que tristezas, pero ya adolescente Álvaro tuvo una nueva llamada dolorosa y extraña que lo marcó. Su hermana mayor, Rosa, la recordaba con una íntima tortura:

Teniendo Álvaro como quince años, trabajaba en una hacienda de nuestro hermano Alejandro, situada como a treinta leguas de Siquisiva. Ambos dormían en una misma pieza, y una noche, estando ya dormidos, Álvaro despertó sobresaltado y quejándose en

7. Era bueno para todo y de todo aprende un poco.
8. "...olvidando el tributo que tiene que rendir al camposanto..."

9

forma angustiosa. Alejandro despertó, y al darse cuenta de lo que le pasaba, se apresuró a preguntarle, azorado, la causa de aquello. Álvaro, ya vuelto en sí, le dijo que acababa de tener un horrible sueño, en que había visto muerta a nuestra madre. La impresión de Alejandro fue terrible. Con todo, trató de serenarse y de calmar a Álvaro, diciéndole que eso no pasaba de ser una pesadilla y que continuara durmiendo. Pero Álvaro ya no pudo dormir y el resto de la noche lo pasó en vigilia. Al amanecer, escucharon el galope de un caballo que se acercaba a la casa de la hacienda. ¿Pero qué sucedía? Era, nada menos, un enviado especial que llegaba a darles la triste noticia de que nuestra madre había fallecido en Huatabampo esa misma noche.

Álvaro jamás olvidó esa pesadilla. Cada vez que la contaba se ponía sumamente nervioso y...

Rosa Obregón no agregó más, pero aquel "y..." hubiese confirmado, seguramente, la presencia obsesiva de la muerte en la vida y sueños de Álvaro Obregón.

El 23 de febrero de 1909 Obregón escribió un poema titulado "Fuegos fatuos", en el que se perciben ecos de las coplas de Jorge Manrique:

9. La casa natal en Huatabampo.

Nuestras vidas son los ríos
que van a dar en la mar,
qu'es el morir;
allí van los señoríos
derechos a se acabar
e consumir.

Allí los ríos caudales,
allí los otros medianos
e más chicos,
allegados, son iguales
los que viven por sus manos
e los ricos.

Si se deja a un lado todo juicio literario y se piensa en la tragedia familiar del hombre que lo escribía, "Fuegos fatuos" revela dos rasgos perdurables: un alma quebrada por la muerte y desdeñosa de la vida:

Cuando el alma del cuerpo se desprende
y en el espacio asciende,
las bóvedas celestes escalando,
las almas de otros mundos interroga
y con ellas dialoga,
para volver al cuerpo sollozando;

sí, sollozando al ver de la materia
la asquerosa miseria
con que la humanidad, en su quebranto,
arrastra tanta vanidad sin fruto,
olvidando el tributo
que tiene que rendir al camposanto.

Allí donde "el monarca y el mendigo"
uno de otro es amigo;
donde se acaban vanidad y encono;
allí donde se junta al opulento
el haraposo hambriento
para dar a la tierra el mismo abono;

Allí todo es igual; ya en el calvario
es igual el osario;
y aunque distintos sus linajes sean,
de hombres, mujeres, viejos y criaturas,
en las noches obscuras
los fuegos fatuos juntos se pasean.

10. "Ocultaba una vertiente oscura..."
11. "...una estela de muerte..."

La empresa militar

ESTOY acostumbrado a luchar contra los elementos naturales: las heladas, el chahuixtle, la lluvia, los vientos, que llegan siempre inesperadamente. ¿Cómo va a ser difícil para mí vencer a los hombres, cuyas pasiones, inteligencia y debilidades conozco? Es sencillo transformarse de agricultor en soldado." Estas palabras de Obregón a Juan de Dios Bohórquez describen con claridad su situación en 1912, al inicio de la rebelión orozquista, pero no en 1910, cuando estalla la revolución de Madero. No: no había sido tan sencillo transformarse de agricultor en soldado. Su experiencia de lidiar con la naturaleza lo ayudaba, pero su prosperidad reciente, sus pequeños hijos y hasta una no muy velada simpatía por don Porfirio lo disuadieron de incorporarse a la lucha inicial. Su sobrino Benjamín Hill, y como éste casi todos sus futuros compañeros de lucha, se lo reprocharían siempre acusándolo de advenedizo. Pero quien más se lo reclamaría sería él mismo. En 1917, en el prólogo a su apoteótico y no muy legible *opus: Ocho mil kilómetros en campaña*, Obregón se atreve a confesar, con todas sus letras:

Entonces el partido maderista o antirreeleccionista se dividió en dos clases: una compuesta de hombres sumisos al mandato del Deber, que abandonaban sus hogares y rompían toda liga de familia y de intereses para empuñar el fusil, la escopeta o la primera arma que encontraban; la otra, de hombres atentos al mandato del miedo, que no encontraban armas, que tenían hijos, los cuales queda-

12. Tras la mirada, la victoria.
13. Campos de Sonora.
14. Obregón no estuvo con él.
15. Ni allí.

rían en la orfandad, si perecían ellos en la lucha, y con mil ligas más, que el Deber no puede suprimir cuando el espectro del miedo se apodera de los hombres.

A la segunda de esas clases tuve la pena de pertenecer yo.

Se necesitaba valor para confesar, así fuera en plena victoria, su pretérita cobardía. El caso es que al triunfar el maderismo, y no antes, Álvaro Obregón se sube al carro de la Revolución. Su primera estación política fue la de presidente municipal de Huatabampo. Después de perder las elecciones para una diputación suplente al Congreso local, Obregón hace sus pinitos en política: su oponente tiene de su lado a la población urbana del distrito, pero Obregón pacta con varios hacendados y con Chito Cruz, gobernador de los mayos, y logra que peones e indios voten por él. De todas formas, el resultado es incierto. Sólo el apoyo de Adolfo de la Huerta, para entonces ya maderista prominente, inclina la balanza a su favor.

Las pequeñas obras de riego y educación que intenta en 1911 ape-

16. "Su único pecado fue envejecer": Álvaro Obregón.
17. Presidente municipal de Huatabampo.

nas presagian su inminente ascenso. En abril de 1912, con la rebelión orozquista, llega su segunda oportunidad, la de ser más maderista que los maderistas originales. Esta vez no la dejaría escapar. En
un santiamén reúne un cuerpo personal de 300 hombres e integra el
Cuarto Batallón Irregular de Sonora, bajo el mando del general San-
ginés.

En unos cuantos días Obregón deja atónitos a sus jefes. Desobe-
deciendo órdenes —como Porfirio Díaz—, discurre maniobras de
atracción, sorpresa y doble envolvimiento que le valen jugosos
botines y ascensos automáticos. El mismísimo Victoriano Huerta,
al conocerlo, dice: "Ojalá que este jefe sea una promesa para la patria." En un momento de la lucha, Obregón encuentra un cauce militar a su ingenio mecánico: desoyendo a sus superiores, que prefe-

18. Palacio municipal de Huatabampo.

19

rían el uso de trincheras colectivas, discurre, y en cierta medida inventa, que cada soldado cave su "lobera" individual, con ventajas de costo, tiempo y seguridad. Dos años más tarde, en la primera Guerra Mundial, los ejércitos emplearían ese mismo método.

El coronel Obregón había roto el tabú, había probado el fuego fatuo de la guerra que, al fin de cuentas, a sus ojos, era similar al de la paz. La muerte había dejado de ser sombra o estela para volverse presencia cotidiana, casi compañera. Así se explica una carta suya de 1912 al "señor" Humberto Obregón, su hijo de cinco o seis años:

> Mi querido hijo: Cuando recibas esta carta habré marchado con mi batallón para la frontera del Norte, a la voz de la Patria, que en estos momentos siente desgarradas sus entrañas, y no puede haber un solo mexicano que no acuda.
>
> Yo lamento sólo que tu cortísima edad no te permita acompañarme.
>
> Si me cabe la gloria de morir en esta causa, bendice tu orfandad y con orgullo podrás llamarte hijo de un patriota.
>
> Sé siempre esclavo del deber; tu Patria, tu hermana y esas tres mujeres que te han servido de madres deberán formar un conjunto sagrado para ti y a él consagrarás tu existencia. Da un abrazo a María, a Cenobia y a Rosa y tú, con mi querida Quiquita, reciban el corazón de su padre.

En diciembre de 1912 el coronel Obregón pide su baja del ejército y vuelve a sus actividades agrícolas. La paz bucólica le dura dos meses. En febrero de 1913 un cuartelazo derriba al presidente Madero. Sin chistar, Obregón ofrece sus servicios al gobernador May-

19. Con su batallón irregular.
20. Con la rebelión orozquista llega su segunda oportunidad.
21. La muerte llegaría… pero mucho tiempo después.
22. "La muerte, presencia cotidiana."

21

23

24

25

26

torena, que por esos días pide licencia y viaja a los Estados Unidos. El gobernador interino, Ignacio Pesqueira, designa a Obregón jefe de la sección de Guerra y le permite entrar en campaña. El 6 de marzo de 1913, sale de Hermosillo con órdenes de apoderarse de los tres bastiones principales en la zona norte del estado: Nogales, Cananea y Naco.

Entre marzo de 1913 —cuando entabla sus primeras batallas fronterizas— y agosto de 1914 —en que entra a la ciudad de México al mando de un ejército invicto— Obregón despliega sus inmensas dotes naturales en una empresa más exigente que la cosecha de garbanzo. A cada paso lo sigue la fortuna, pero una fortuna escudada en el cálculo y la observación. En unos días doblega a los federales Kosterlitsky, Moreno y Ojeda. Su objetivo es avanzar hacia el sur y tomar Guaymas. Pero Obregón no es Villa: en vez de cargar, atrae, y, buscando alejar al adversario de su base de operaciones en aquel puerto, lo "obliga a distraer fuerzas en la protección de sus comunicaciones a retaguardia y lo hostiliza en combates parciales para causarle desgaste moral antes de presentarle batalla".

En mayo de 1913, después de una acción de doble envolvimiento concertado, derrota a Medina Barrón en Santa Rosa. Días más tarde, tras realizar un estudio meticuloso del terreno y planear geométricamente cortes y bloqueos, hace 300 prisioneros en Santa María y captura toda la artillería del enemigo. Sus lugartenientes más cercanos son Manuel Diéguez, Salvador Alvarado, Juan Cabral y Benjamín Hill. Todos habían sido maderistas de la primera hora, y algunos —como Diéguez— hasta precursores de la Revolución en Cananea, pero ahora se cuadraban, no siempre de buena gana, ante la autoridad legítima de Obregón.

29

27

28

27. El yaqui Bule y el artillero Kloss, puntales de Obregón.
28. Los hombres de Diéguez.
29. El precursor Diéguez.
30. El botín de Santa Rosa. ▶

31

32

31. Personalidad guerrera.
32. Juan Cabral y Salvador Alvarado, lugartenientes de Obregón.
33. Alvarado, militar e intelectual.

33

Entonces, por primera vez, lo conoce el gran observador psicológico de la Revolución: Martín Luis Guzmán. Su estampa, como
todas las suyas, aunque reticente, es memorable:

La personalidad guerrera del jefe sonorense se destacaba como en
perfil. Se le veía provisto, primeramente, de una actividad inago-
table, de un temperamento sereno, de una memoria prodigiosa
—memoria que le ensanchaba el campo de la atención y le coordi-
naba datos y hechos—, y muy pronto se percibía que estaba dota-
do de inteligencia multiforme, aunque particularmente activa
bajo el aspecto de la astucia, y de cierta adivinación psicológica de
la voluntad e intenciones de los demás, análoga a la que aplica el
jugador de póquer. El arte bélico de Obregón consistía, más que
todo, en atraer con maña al enemigo, en hacerlo atacar, en hacerle perder valentía y vigor, para dominarlo y acabarlo después
echándosele encima cuando la superioridad material y moral ex-

cluyera el peligro de la derrota. Acaso Obregón no acometiera nunca ninguna de las brillantes hazañas que ya entonces habían hecho famoso a Villa: le faltaban la audacia y el genio; carecía de la irresistible inspiración del minuto, capaz de animar por anticipado posibilidades que apenas pueden creerse, y de realizarlas. Acaso tampoco aprendiera jamás a maniobrar, en el sentido en que esto se entiende en el verdadero arte de la guerra —como lo entendía Felipe Ángeles. Pero su modo de guerrear propio, fundado en resortes de materialismo muy concreto, lo conocía y manejaba a la perfección. Obregón sabía acumular elementos y esperar; sabía escoger el sitio en que al enemigo le quedaran por fuerza las posiciones desventajosas, y sabía dar el tiro de gracia a

34

34. Martín Luis Guzmán lo admiraba con reticencias.
35. Campaña obregonista.
36. "La muerte... casi compañera..."

35

36

Elgran convoy del Gral. B.Hill en marcha hacia Culiacán.

Nº 7. Serie B.

37

38

37. Hill en marcha.
38. Antes de atacar Culiacán Ramón F. Iturbe invocó el espíritu de Juana de Arco.

los ejércitos que se herían a sí mismos. Tomaba siempre la ofensiva; pero la tomaba con métodos defensivos. Santa Rosa y Santa
María fueron batallas en que Obregón puso a los federales —con-
tando con la impericia de los jefes de éstos— en el caso de derro-
tarse por sí solos. Lo cual, por supuesto, era ya signo evidente de
indiscutible capacidad militar.

Con buena lógica, Obregón no ataca Guaymas: le pone sitio con
una fracción de sus fuerzas y sigue su avance hacia el Sur. El
20 de septiembre de 1913 Venustiano Carranza en persona lo designa comandante en jefe del Cuerpo de Ejército del Noroeste con
jurisdicción sobre Sonora, Sinaloa, Durango, Chihuahua y Baja
California. Dos meses más tarde, en una acción ejemplar de mando,
organización de fuerzas, apoyo de fuegos y aprovechamiento del
terreno, secundado en forma sobresaliente por Ramón Iturbe, Obregón toma Culiacán. Durante la refriega lo hieren en una pierna,
pero se burla de su lesión. Seguirían, a partir de entonces, casi cinco
meses de inactividad bélica en su zona, tiempo que el Primer Jefe de-
dica a la organización política y militar de la Revolución, y que Obregón emplea, entre otras cosas, en apartar de Carranza al único militar
que podía hacerle sombra: Felipe Ángeles.

A Villa sus "Dorados" lo seguían por convicción y apego a su persona, a su carisma, por el vértigo de "la bola" y, a veces también, por ver qué pescaban del río revuelto. A Obregón sus tropas no lo siguen por motivos mágicos, sino contantes y sonantes. La revolución sonorense es, más nítidamente que las otras, una empresa. Las tropas, en las cuales se destacan por su bravura los batallones de indios yaquis, dependen, para la subsistencia, más de un salario que de un botín. Obregón, que conocía a los indios desde su infancia y había enganchado mayos para fines electorales en 1911, logró incorporar a su ejército varios miles de yaquis a cambio de un pacto: después de la victoria obtendrían satisfacción a su antiquísima demanda de tierras. Obregón no sería el único jefe sonorense reclutador de yaquis, pero sí el principal, el más astuto y quien más provecho militar y psicológico les sacaría.

En abril de 1914 se reinicia la marcha. Mientras Villa deslumbra a la prensa nacional y extranjera con sus cargas anibalianas, en la costa del Pacífico Obregón avanza desplegando un arma de efectividad superior: el ingenio. En mayo de 1914, en la costa de Topolobampo,

39-40. Mayos y yaquis lo seguían por motivos contantes y sonantes.

41

amenazada por el cañonero federal *General Guerrero*, ocurre un hecho notable. Por primera ocasión en la historia militar del mundo, el piloto Alberto Salinas, del ejército de Obregón, vuela en el biplano *Sonora* y ataca al cañonero adentrándose 18 kilómetros en el mar a 900 metros de altura.

En mayo de 1914, distanciado ya de Villa, Carranza ordena a Obregón apresurar su marcha hacia el Sur. Obregón bloquea Mazatlán, como lo había hecho con Guaymas, y sigue a Tepic, donde con ayuda de Lucio Blanco corta las vías del ferrocarril Guadalajara-Colima y aísla así a los sitiados en aquellos puertos. A principios de julio amaga simultáneamente posiciones al sur de Guadalajara y a la propia ciudad. En una batalla que conjuga sorpresas, flexibilidad y racionalidad, derrota a los federales en Orendáin, causándoles ocho mil bajas y apoderándose de 16 piezas de artillería, cinco mil fusiles, 18 trenes y 40 locomotoras. Días después, con la aguililla de general de división concedida por Carranza, Obregón barre territorio rumbo a la capital. El 1o. de agosto llega a Teoloyucan, donde sobre la salpicadera de un auto firma los famosos tratados. Cinco días más tarde, al mando de 18 mil hombres, entra a la ciudad de México.

41. En camino.

Casi 46 años antes, los azorados catrines de la capital habían visto el desfile de los "torvos" y "siniestros" juchitecos del ejército personal de Porfirio Díaz. Ahora, no menos aterrados, contemplaban el desfile de los ejércitos norteños. Habían esperado la "invasión de 50 mil hombres vestidos con piel de tigre, feroces y hambrientos como lobos". La realidad fue un poco menos patética. Junto a los rancheros y mineros ataviados con su clásico sombrero de fieltro, sus pantalones caqui y polainas de vaqueta café, venían los yaquis a "cuya bravura indudablemente se han debido los triunfos de los rebeldes de Sonora". Unos entraron tocando sus pequeños tambores; otros —escribe Jorge Aguilar Mora—

traían todavía la indumentaria con la que habían salido de Sonora: los mismos pantalones cortos de manta, los mismos huaraches, las mismas camisas bordadas, las mismas cintas de sujetarse el cabello. Algunos se habían acostumbrado a las botas y otros habían aceptado el sombrero tejano, sin renunciar por supuesto a sus atuendos. Todos venían armados con carabinas Winchester 30/30 y aprovisionados con varias cananas de parque bien surtido; y ninguno había dejado su arco, su carcaj, su honda y su cerbatana, objetos pavorosos para el civilismo de los capitalinos.

42. La cosecha de Orendáin.

Póquer a muerte

AUNQUE temblaba al ritmo de los tamborines yaquis, la ciudad de México temía mucho más la amenaza del *Atila del Sur:* Emiliano Zapata. De allí que muchos viesen como una bendición relativa que un hombre "blanco" aunque no barbado fuese el primero en "tomarla". No faltó, en efecto, quien comparara a Álvaro Obregón con Hernán Cortés. Pero las esperanzas de los catrines se esfumaron muy pronto. Obregón no venía como mensajero de paz sino de venganza. ¿Por qué?

A diferencia de Villa, que tenía una relación puramente irracional con la muerte —la de los otros, más que la suya—, Obregón parecía haber concertado desde el principio un doloroso pacto con ella. No había abandonado "las delicias del hogar", como él decía, por el gusto festivo de incorporarse a "la bola", por convicciones democráticas o sociales profundas, ni siquiera por un cálculo pragmático. Un destino ineluctable lo había arrancado de aquellas "delicias".

Al tomar la decisión de incorporarse a la lucha como líder había dispuesto con plena conciencia una suerte de cesión de su vida por adelantado. No jugaba con la muerte, pero la toreaba con indiferen-

43. "...¿feroces y hambrientos como lobos?..."
44. Entrada triunfal a la ciudad de México.

45.

46.

47.

cia y desdén. En la campaña de Occidente se había arriesgado varias veces hasta extremos de temeridad: no llevaba arma, no se inmutaba si una granada caía a unos cuantos metros de donde se encontraba, se aventuraba en travesías marinas, y cuando por fin, como en Culiacán, lo herían, reaccionaba, según recuerda Martín Luis Guzmán: "burlándose de sí mismo porque las balas no parecían tomarlo demasiado en serio: 'Me hirieron, sí; pero mi herida no pudo ser más ridícula: una bala de máuser rebotó en una piedra y me pegó en un muslo'."

Nada más significativo de ese pacto de Obregón con la muerte que las frases que solía emplear en sus manifiestos. Al iniciarse el movimiento constitucionalista habla de los huertistas como de una "jauría" y agrega esta imagen: "Saciemos su sed de sangre hasta asfixiarlos con ella."

El 17 de noviembre de 1914, cuando el rompimiento entre Carranza y la Convención es definitivo y en el horizonte apunta ya la guerra civil, Obregón hace un llamado a "los verdaderos hijos de la patria, que despreciando de nuevo la vida..." refrendaban, como él lo hacía, el pacto con la muerte. El 4 de diciembre, después de salir

45. Mensajero de venganza.
46. Peleaba por matriotismo: el de la tierra.
47. El gusto festivo de incorporarse a la bola.

de la ciudad de México, que ocuparían por unos meses las fuerzas de la Convención, vuelve a utilizar la palabra clave, tinta de todos los pactos mortales: "¡Siempre será poca la sangre que un pueblo derrame en defensa de sus libertades!"

Pero ¿quién era el culpable del pacto?, ¿a quién cobrárselo?

"Todos los que andamos en este asunto —le había dicho alguna vez Obregón a Carranza— lo hacemos por patriotismo y por vengar la muerte del señor Madero." Al oírlo, Carranza debió quedar desconcertado. Para él la contienda era mucho más que una vendeta y mucho más amplia que un "asunto de patriotismo": era una causa histórica parecida a la de Juárez, que involucraba a la Nación por entero: su soberanía, sus leyes, su orden interno, su destino. Tampoco Zapata peleaba por venganza y patriotismo vago, sino por "matriotismo": el de la tierra. Muchos otros jefes revolucionarios tenían razones o justificaciones más o menos complejas: idealistas, sociales, morales, pragmáticas, festivas. Para Obregón la cuestión era, en

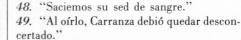

48. "Saciemos su sed de sangre."
49. "Al oírlo, Carranza debió quedar desconcertado."
50. "Lo hacemos por patriotismo y por vengar la muerte del señor Madero."

48

50

49

51

cierta forma, sencilla: la Revolución no era asunto de teorías sino
de guerra.

A los tres días de su llegada a la capital, Obregón acude al Panteón
Francés para rendir homenaje a Madero, el apóstol por el que su
conciencia le reclamaba no haber luchado. Junto a la tumba, frente
a los diputados del bloque renovador, que a sus ojos se habían porta-
do cobardemente cuando el sacrificio de Madero, entrega su pistola
a María Arias —mujer que protestó en público por los aconteci-
mientos de febrero de 1913— con estas palabras desafiantes: "En-
trego mi pistola a María Arias, el único hombre que hubo en la ciudad de México cuando el cuartelazo de Huerta."

Parecía que Obregón, al castigar la cobardía de la ciudad de Méxi-

51. Castigar la cobardía de la capital.

co, castigara su propia duda inicial de 1910 y de ese modo lavara su error. Parecía que la ciudad hubiese sido la elegida para pagar el inmenso costo moral de aquel pacto suyo con la muerte. Por eso, además de las responsabilidades objetivas de la capital, que en efecto existían, Obregón había venido a castigar a "la tristemente célebre ciudad de México", y en ella sobre todo al clero, a la clase burguesa y a los extranjeros. Su memoria era la aliada mejor de su venganza: en Tepic había sido objeto de un ataque del diario *El Hogar Católico*. Como muchos lugartenientes del constitucionalismo, Obregón estaba en la inexacta idea de que el clero fue apoyo importante para Huerta y un cáncer histórico en la vida nacional. Con esos

52

53

antecedentes, su decisión es inmediata: primero impone al clero un pago de medio millón de pesos, destinados a la Junta Revolucionaria de Auxilios al Pueblo; más tarde encarcela y expulsa de la capital al vicario general Paredes, junto con 167 curas.

A los ricos de la ciudad les fue peor. Obregón recordaba que empresarios como Pugibet —dueño de la cigarrera El Buen Tono— habían aplaudido a Huerta como el salvador de la patria. En respuesta, impuso una contribución extraordinaria, exigible a nacionales y extranjeros, sobre capitales, predios, hipotecas, profesiones, ejercicios lucrativos, derechos de patente, agua, pavimento, atarjeas, carruajes, automóviles de alquiler y particulares, bicicletas, etcétera. A los acaparadores los trató aún con mayor dureza: so pena de con-

52. Con nadie fue blando.
53. Catrines asustados.

55

54

56

54. Tras la mirada, la memoria.
55. Con su Pancho Serrano en el hotel Saint Francis.
56. En la "tristemente célebre ciudad de México".

fiscación, les dio 48 horas para entregar el 10% de sus mercancías de primerísima necesidad: maíz, haba, petróleo, manteca, velas de sebo y carbón.

No fue más blando con los extranjeros: recordaba que casas como la Wagner Levien y Sucs. habían aportado dinero a Manuel Mondragón. Al enterarse del impuesto extraordinario, varios negociantes se reúnen en el Teatro Hidalgo. De pronto aparece el general Obregón y les advierte que no quedarán exentos de la observancia de las leyes mexicanas: "Así ya no tendremos que cuadrarnos ante cualquiera que fume opio o masque tabaco (...). El hambre de nuestro pueblo no traspasará nuestras fronteras."

Afuera del recinto una triple valla de soldados, con cartucho cortado, escolta a Obregón, quien además de exigir medio millón de pesos en gravámenes, impone a los extranjeros un tributo moral: barrer las calles.

En medio de la tensión anticlerical y xenófoba, no faltó, por fortuna, un momento chusco. Se cuenta que en una de las juntas a las que citaba Obregón para forzar la circulación de los billetes carrancistas, un comerciante español tomó la palabra (la escena debió de ocurrir en febrero de 1915; la ciudad había sido ocupada ya por las tropas villistas y zapatistas):

—Considere usté, señor general, que estos billetes hoy tienen un valor y mañana no lo tienen, porque entran unos y son buenos, pero entran otros y ya no valen los billetes de las tres caritas.

El general Obregón escuchó la protesta con asombro y preguntó:

—Óigame usted, ¿cómo que billetes de "tres caritas"? Dirá usted

57. Después de una visita revolucionaria.
58. Con su estado mayor.
59. La Revolución no es asunto de teorías sino de guerra.

57

58

59

billetes de dos caritas, el señor Madero y don Abraham González, porque "tres caritas", no los hay.

—Cómo no, señor general, ¡tres caritas! La del señor Madero, la de don Abraham González y la carita que nosotros ponemos cuando los recibimos y cuando nos dicen que no valen. ¡Dígame usté si no son "tres caritas".

Obregón festejó la ocurrencia y dejó ir al gracioso, no sin advertirle que de seguir hablando sobre los billetes de "tres caritas" mandaría aprehenderlo por falsificador.

En ningún momento fue más clara su valentía que al enfrentar a Villa en septiembre de 1914. Por voluntad propia se mete en la boca del lobo, y no una sino dos veces. Acude en plan de conciliación, pero también para ver de cerca a su potencial enemigo. Lo observa, lo estudia, lo mide. Villa despliega ante él su poderío militar y Obregón aprovecha ese despliegue para fotografiarlo en la memoria. Cuando sobreviene el primer conato de fusilamiento, Obregón juega póquer con su vida y manipula a su enemigo, pidiéndole, casi como favor, que proceda a fusilarlo. Aquel póquer —más bien ruleta ru-

60. "Qui'húbole, compañerito Obregón."
61. Carranza, González y Obregón.

sa— siguió por algunos días sin que Obregón bajara sus cartas ni su vista. Cuando el cónsul norteamericano en Chihuahua le franquea una salida a El Paso, Obregón se niega por dignidad... y por temeridad. Villa lo deja irse, pero lo hace regresar. Obregón sólo le pide a su custodio, José Isabel Robles, que interceda ante Villa para evitar "que se me insulte y se me ultraje... (quiero) que me fusile sin detalles humillantes".

Villa lo deja irse de nuevo, y otra vez intenta devolverlo. Esta vez, sin duda, quiere "enfriar" al "compañerito". Obregón hubiese enfrentado con entereza su muerte durante el póquer, pero una vez concluido el juego, debió pensar que aquel ir y venir era humillante. Cuando se entera de la orden, se baja del tren y a la pregunta: "¿Qué va usted a hacer, mi general?", responde: "Morir matando."

Con ayuda de la diosa fortuna y de Eugenio Aguirre Benavides y José Isabel Robles —ya entonces grandes admiradores de su hombría— por esta ocasión salva la vida sin "morir matando". La muerte seguía sin tomarlo en serio.

62

62. Póquer con Villa.

Hacia la victoria... y la desesperanza

DESDE octubre de 1914, cuando asiste a las sesiones del Congreso de Aguascalientes, Obregón construye una sólida plataforma política y militar; pero no hay motivo para dudar de su afán conciliatorio. Obregón no quiere precipitar la guerra civil. De allí que, con astucia, sin definirse, navegue por más de un mes entre las dos corrientes de legitimidad: la Convención y el preconstitucionalismo carrancista. Cuando a mediados de noviembre de 1914 llega la hora de la verdad, ha hecho buenos amigos en las filas de la Convención (Cosío Robelo, Robles), ha cautivado a algunos villistas y a no pocos zapatistas. Su indecisión aparente no revela, quizá, sino un gran sentido de la oportunidad. No ha perdido tiempo torturándose por ideas o convicciones: lo ha empleado en observar a los próximos enemigos y en adivinar sus pasos. El 17 de noviembre de 1914 confía al Primer Jefe su plan. La ciudad de México debía

63. "¿Una foto, mi general?"
64. Adentro, la Convención.

66

reforzarse con cuatro o cinco mil hombres (...), González debe retroceder (de Querétaro) sin perder contacto con el enemigo y destruyendo pequeñas secciones de vía diariamente (...)

(Después) dejar entrar a Villa a esta capital en (...) 40 días, tiempo suficiente para trasladarme (...) por Salina Cruz y Manzanillo a Guadalajara y tomar la retaguardia de Villa.

Al aproximarse Villa a la capital, la evacuaría (González) trasladándose a Puebla, donde debería usted establecer su cuartel general para (atraer a) Villa.

(El) general (Antonio I.) Villarreal (...) sobre el flanco izquierdo (...) dedicará los 40 días mencionados a reforzarse y emprender (...) el avance en combinación conmigo, cuando Villa estuviera en posesión de la capital (...)

(Ramón F.) Iturbe (...) (ya) tendría invadido por el Sur (la) mayor parte (...) de Sonora, pudiendo (...) Hill avanzar por el Norte (...) desapareciendo el maytorenismo.

Quince días después de ocupar la capital (...) Ángeles, Villa y Zapata se dividirían en tres grupos: el de Ángeles, representando la reacción y compuesto de ex federales (...)científicos y clericales; el segundo representará el libertinaje encabezado por Villa y Zapata; formando el tercero los hombres honrados (...) que se separarían (e irían) en busca nuestra (...)

Enfrentados Villa y Zapata contra Ángeles, (lo) harían desaparecer con todos sus partidarios (...) que aunque perversos, son inteligentes.

(También) es indispensable (...) lanzar un manifiesto a la Nación, o forme un nuevo plan que sea una verdadera garantía para la Revolución.

65

65. El libertinaje encabezado por Villa.
66. Carambola política.

Carranza no seguiría el plan, pero las predicciones de Obregón no estaban del todo erradas: sólo un gran lector de las mentes ajenas y un conocedor extraordinario de las pasiones humanas podía prever, en ese momento, la futura escisión de las fuerzas convencionistas.

A la audacia personal y la claridad estratégica, Obregón aunó muy pronto un verdadero golpe de genio en el reclutamiento militar y político. Si en Sonora había reclutado a los yaquis ofreciéndoles tierras a cambio de colaboración, ¿por qué no intentar lo mismo con el grupo homólogo de los yaquis en el ámbito urbano: los obreros? Sin percatarse, quizá, de la enorme trascendencia histórica de su decisión, y pasando sobre la voluntad del *Primer Jefe* que desconfiaba de la clase proletaria, Obregón buscó la ayuda administrativa de Alberto J. Pani y la flama oratoria de Gerardo Murillo, *alias Doctor Atl*, y en unos meses logró que la Casa del Obrero Mundial, en votación

67. Con Carranza en Orizaba.
68. Adiós, Aguascalientes.

69

Archivo Fotográfico
ntro de Estudios de Historia de México
Condumex

70

quizá no mayoritaria pero efectiva, abjurara de sus evangelios anar-cosindicalistas y pactase con el constitucionalismo para combatir a la "reacción" villista y zapatista. Desde su llegada a la capital en agosto de 1914, Obregón había entregado a la Casa el convento de Santa Brígida y el Colegio Josefino, además de regalarle el oído con veladas, discursos, promesas y apoyo económico. El 17 de febrero, ya podía cantar victoria. Con la formación de los Batallones Rojos se agenciaba un apoyo militar considerable, pero proporcionaba a Ca-rranza algo mucho más importante: el halo de legitimidad de la clase que, según la ideología socialista, heredaría el futuro: la clase prole-taria.

A principios de 1915 Obregón vence con facilidad a los zapatistas en Puebla, pero no se hace ilusiones. Sabe que el enemigo principal se-ñorea casi todo el territorio: Villa anda por Guadalajara y llegará al Bajío, Ángeles ocupa Saltillo y desde allí domina el Noreste, Calixto Contreras y Rodolfo Fierro permanecerán en Occidente, mientras que *el Compadre* Urbina merodea Tamaulipas y San Luis Potosí. Obregón aprecia la fuerza enemiga pero también aprecia su frag-mentación.

Sabe que si pelea en el Bajío la fuente de aprovisionamiento villista estará a 1 500 kilómetros de distancia. Siempre ha pensado que a Vi-

69. La fuerza yaqui.
70. *El Compadre* Urbina: pronto dejaría de merodear.

lla hay que vencerlo en el centro. Ángeles, que piensa del mismo modo, se cansa de persuadir a su jefe de no morder el cebo. A principios de abril de 1915, Fortunato Maycotte, lugarteniente de Obregón, ha reparado las vías del ferrocarril que cruzan la zona de los futuros combates. La vía de aprovisionamiento desde Veracruz permanece fluida y a salvo del acceso zapatista. Llega el momento del primer combate de Celaya.

Villa supera a Obregón en armamento, equipo y municiones. Su táctica, como siempre, será la carga brutal. Obregón busca economizar fuerza y material. Su táctica, como siempre, será la atracción y la resistencia. El 6 de abril se abre el fuego. La situación favorece en un principio a los villistas, tanto que a las 11 de la mañana del día 6 Obregón telegrafía al Primer Jefe, con su estilo habitual, en el que no podía fallar una incitación a la muerte:

A esta hora habremos tenido dos mil bajas. Asaltos del enemigo son rapidísimos. Esté usted seguro de que mientras me quede un soldado y un cartucho, sabré cumplir con mi deber y consideraré como una ventura que la muerte me sorprenda abofeteando al crimen.

Una vez más toreaba a la muerte, pero la fortuna y la estrategia le favorecían. Hacia la una de la tarde del día 7, los villistas habían

71-72. Golpe de genio en el reclutamiento: los Batallones Rojos.
73. La flama oratoria de Gerardo Murillo, alias *Doctor Atl.*

75

74

76

74. Venció con facilidad a los zapatistas.
75. Explorando el Bajío acompañado de Hill.
76. "... 'a esta hora habremos tenido dos mil bajas'..."

efectuado más de treinta cargas de caballería sin poder doblar las trincheras de Obregón, quien, dos horas después, informaba a Veracruz: "El enemigo hase replegado varios kilómetros, dejando el campo regado de cadáveres (...) Hanse encontrado más de mil cadáveres y número considerable de heridos."

Las pérdidas de Villa en aquel primer combate alcanzarían los cinco mil hombres, entre muertos, heridos y prisioneros; pero la hecatombe vendría una semana después. Para la segunda batalla de Celaya Obregón pudo contar con cinco mil hombres de refuerzo. Su táctica no varió: había que esperar el ataque de Villa en una posición defensiva que circunvalara la Plaza de Celaya, y mantener una importante reserva fuera de la línea de circunvalación para tomar la ofensiva cuando el ejército atacador se hubiera desgastado material, física y moralmente en el grado justo para derrotarlo. En aquella ocasión decisiva, Obregón despliega todas sus cualidades: bravura, creatividad, energía, organización, fe y hasta humor. "Villa —comenta a sus soldados— es como el Calendario de Galván: ofrece lumbre y echa agua." El 15 de abril, un día después de iniciado el combate, Obregón rinde a Carranza el parte oficial de su victoria:

Satisfáceme comunicar a usted que, en una extensión de más de 200 kilómetros cuadrados, que ocupó el campo donde se libró la batalla, y que están tintos en sangre de traidores, el Ejército de Operaciones que me honro en comandar acaba de izar el estandarte de la Legalidad. Doroteo Arango (*alias* Francisco Villa) con 42 de sus llamados generales y con más de 30 000 hombres de las tres armas, tuvo la audacia de atacar esta plaza, defendida por nosotros, abriendo su fuego a las 6 p.m. del día 13. Al iniciarse el ata-

77. "… el campo regado de cadáveres…"

78

que, ordené que una columna de 6 000 caballos, que comanda el C. general Cesáreo Castro, saliera de esta ciudad, y se colocara en un punto conveniente a nuestra retaguardia, para movilizarla en el momento oportuno; en tanto que, con las infanterías de la División, al mando del C. general de brigada Benjamín G. Hill, el resto de las caballerías y la artillería al mando del C. coronel Maximiliano Kloss, formara el círculo de defensa, dejándose sitiar. El enemigo generalizó, desde luego, su ataque, extendiéndose en círculo de fuego, en una línea de 20 kilómetros. Los asaltos eran continuos y desesperados, entrando en actividad todas las unidades que traía a su mando Doroteo Arango; prolongándose así el combate por espacio de 38 horas, al cabo de las cuales ordené que la columna de caballería de reserva, al mando de los generales Fortunato Maycotte, Alejo G. González, Porfirio G. González, Martín Triana y Jesús Novoa, efectuaran un movimiento sobre el flanco izquierdo del enemigo, cargando con todo su efectivo contra él; disponiendo, a la vez, que los generales Amaro, López Espinosa, Norzagaray, Gavira y Jaimes, que se encontraban en el círculo de defensa, hicieran un movimiento envolvente sobre el flanco derecho del enemigo, a la vez que ordené a los generales Ríos y Manzo que, con las infanterías que cubrían nuestra ala de-

78. El campo "tinto en sangre de traidores".
79. Villistas en Celaya.
80. Defensa obregonista.

82

81

recha, forzaran el flanco izquierdo de la infantería enemiga e hicieran el avance por el frente de la cadena de tiradores que se había batido durante todo el combate. Mientras tanto, el general Laveaga, con la 1a. Brigada de Infantería de Sonora, cubría la mitad de nuestro frente y parte de nuestra ala izquierda. Dicho movimiento, desde que se inició, empezó a desorientar al enemigo por completo: las cargas de caballería que dábamos sobre su flanco, y el avance de la infantería, por su flanco y frente, comenzó a determinar su derrota, emprendiendo la fuga a la 1.15 p.m., cuando ya nuestros soldados estaban sobre sus trincheras, cargando sobre ellos, hasta causarles el más completo destrozo. Hanse recogido ya del campo más de 30 cañones, en perfecto estado, con sus respectivas dotaciones de parque y ganado para los mismos; alrededor de cinco mil máusers, como ocho mil prisioneros, gran número de caballos, monturas y demás pertrechos. Nuestras columnas de caballería persiguen aún a los restos de la columna enemiga, y tengo esperanzas de que capturen los trenes y demás elementos que pudo llevarse el enemigo en su huida. Hasta estos momentos, estimo que las bajas del enemigo pasan de catorce mil, entre muertos, heridos, prisioneros y dispersos. Las bajas nuestras no llegan a doscientas, entre muertos, heridos, prisioneros y dispersos, contándose, entre estos últimos, un coronel y un oficial de mi estado mayor. No hago especial mención de ninguna de las tres armas de nuestro Ejército porque todas ellas estuvieron, por igual, a la altura de las circunstancias. En nombre de este Ejército de Operaciones, felicito a usted por este nuevo triunfo. Respetuosamente.

General en Jefe
Álvaro Obregón.

81. Rodolfo González, *el Generalito.*
82. "Hanse recogido... alrededor de cinco mil máusers..."

Aunque los contrincantes vuelven a medirse en otros puntos del Bajío (Trinidad, León) y más tarde en Aguascalientes, el ejército villista está herido de muerte física y moral. Obregón lo sabe, pero, extrañamente, comparte la herida de su víctima. Acaso nunca ha sentido de un modo tan agudo el vértigo de la victoria, la fatuidad de la vida. Una vez más toma la pluma para describir un fuego fatuo:

> He corrido tras la Victoria,
> y la alcancé:
> pero al hallarme junto a ella,
> desesperé.
>
> Los rayos de su divisa
> alumbraban en redor,
> de los muertos, la ceniza;
> de los vivos, el dolor.

En otro poema, tan defectuoso o más, si cabe, pero igualmente revelador, Obregón quiere evocar la claridad del alba, el vuelo de los pájaros, los colores del paisaje, las montañas que "meditan" y hasta el perfume de las flores —todos los tópicos de la naturaleza—, pero los contrasta con una imagen obsesiva:

> Mas el hombre alelado, ni tan siquiera advierte
> que está muy cerca el ojo del fusil de la muerte

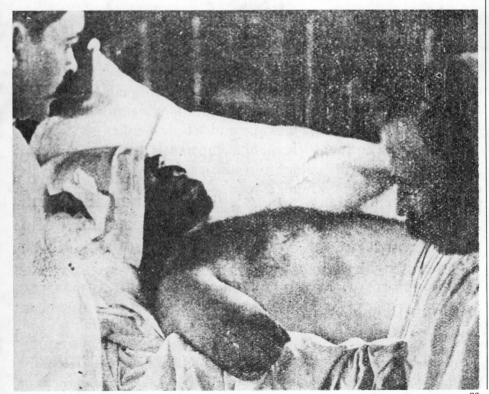

83. Fatuidad de la vida.
84. Obregón y Hill.

85

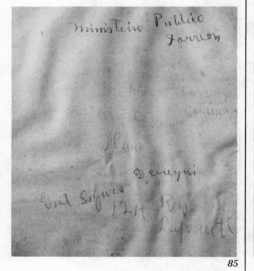

86

En la cresta triunfal de una ola de sangre, la propia y la ajena, Álvaro Obregón añora secretamente la muerte. Ningún triunfo lo reconcilia con la vida. Ahora más que nunca la desprecia.

A principios de junio Obregón acampa en la hacienda de Santa Ana del Conde, Guanajuato. Sin medir los riesgos, acompañado por el general Francisco Serrano, el coronel Piña, los tenientes coroneles Jesús M. Garza y Aarón Sáenz y los capitanes Ríos y Valdés, se dirige a las trincheras del frente. Una lluvia de granadas cae sobre ellos y una sorpresa aún más dolorosa... y esperada:

Faltaban unos veinticinco metros para llegar a las trincheras, cuando, en los momentos en que atravesábamos un pequeño patio situado entre ellas y el casco de la hacienda, sentimos entre nosotros la súbita explosión de una granada, que a todos nos derribó por tierra. Antes de darme exacta cuenta de lo ocurrido, me incorporé, y entonces pude ver que me faltaba el brazo derecho, y

85. Aprender a escribir.
86. Suicida frustrado.

sentía dolores agudísimos en el costado, lo que me hacía suponerlo desgarrado también por la metralla. El desangramiento era tan abundante, que tuve desde luego la seguridad de que prolongar aquella situación en lo que a mí se refería era completamente inútil, y con ello sólo conseguiría una agonía prolongada y angustiosa, dando a mis compañeros un espectáculo doloroso. Impulsado por tales consideraciones, tomé con la mano que me quedaba la pequeña pistola "Savage" que llevaba al cinto, y la disparé sobre mi sien izquierda, pretendiendo consumar la obra que la metralla no había terminado; pero mi propósito se frustró, debido a que el arma no tenía tiro en la recámara, pues mi ayudante, el capitán Valdés, lo había bajado el día anterior, al limpiar aquella pistola. En aquel mismo momento, el teniente coronel Garza, que ya se había levantado y que conservaba la serenidad, se dio cuenta de la intención de mis esfuerzos, y corrió hacia mí, arrebatándome la pistola, en seguida de lo cual, con ayuda del coronel Piña y del capitán Valdés, me retiró de aquel sitio, que seguía siendo batido vigorosamente por la artillería villista, llevándome a recargarme contra una de las paredes del patio, donde a mis oficiales les pareció que quedaría menos expuesto al fuego de los cañones enemigos. En aquellos momentos llegó el teniente Cecilio López proveedor del Cuartel General, quien sacó de su mochila una venda, y con ella me ligaron el muñón.

En suma, aquella mañana del 3 de junio de 1915 el general Obregón, saciado de valentía, presa del vértigo de la victoria y anegado, ahora sí, en su propia sangre, quiso poner fin a la fatuidad de vivir; no lo consiguió. El dedo índice disparó el gatillo, pero el azar le negó la bala.

87. "... 'al hallarme junto a la victoria desesperé'..."

La vida es broma

AL FINAL de sus ocho mil kilómetros de campaña (85 contra Orozco, 3 498 contra Huerta y 3 644 contra Zapata, Villa y la Convención) lo sorprende otra cara, más dulce y adormecedora, de la fatuidad: la fama. De pronto comprendió que no muy lejos, casi al alcance de la mano, lo esperaba la silla presidencial. Ningún caudillo le hacía sombra, ni siquiera el Primer Jefe, a quien por lo pronto guardaría lealtad, pero a sabiendas de que podría separársele en cualquier momento sin afectar un ápice su prestigio. Era el hombre fuerte de México, el triunfador de la Revolución. En 1917 tenía sólo 37 años. Los mismos que Porfirio Díaz en 1867, al triunfo de la República. Y como Porfirio frente a Juárez, sintió que el triunfo era más suyo que de Carranza.

Para Obregón el paralelismo con Díaz no era del todo inconsciente, pero como hombre práctico no solía guiarse por la conciencia histórica. A diferencia de Díaz, Obregón no abandonó de inmediato su puesto de mando ni hizo manifestación alguna de desinterés político. Como secretario de Guerra del gobierno preconstitucional de Carranza, continuó su labor de empresario militar: inició censos mi-

88. María Tapia, la contrayente.
89. Un chascarrillo, mi general.

LLEGADA DE [CAR]RANZA A QUERETARO.
FOT. CASASOL[A]
MEX.

90

litares, reorganizó la administración y los servicios médicos, abrió
la Academia del Estado Mayor, la Escuela de Medicina Militar, el
Departamento de Aviación y una escuela de pilotos, y puso las fábri-
cas de municiones bajo control del Ejército. Su objetivo era crear un
ejército profesional, libre de caciques y caudillos.

A principios de 1917 se discute en Querétaro la nueva Constitución. Era el momento cumbre de Carranza, pero Obregón, con buen
sentido político, decide robarle un poco de cámara. Aprovecha la
oportunidad para separarse públicamente del carrancismo —todavía
no de Carranza— y ceñirse un halo de temeridad ideológica. En
los momentos culminantes del Congreso, cuando se debate, por
ejemplo, el artículo 3o. o el 27, Obregón se hospeda en Querétaro y recibe la visita de los legisladores radicales. Juan de Dios
Bohórquez, Rafael Martínez de Escobar, Jesús Romero Flores y
hasta don Andrés Molina Enríquez lo consultan. Invariablemente,
Obregón apoya las medidas más extremas. Ningún riesgo lo arredra:
ni los Estados Unidos ni la guerra civil. A su aura de triunfador invicto y mártir se aúna la del caudillo más radical de la Revolución.

Poco tiempo después de la jura de la Constitución, recién casado
en segundas nupcias con María Tapia, Obregón dimite de la cartera
de Guerra y se retira a La Quinta Chilla, que, por supuesto, ya no
lo era tanto. Como Porfirio cultivaba cañas en su hacienda de La

91

90. Entrada a Querétaro.
91. El contrayente, Álvaro Obregón.

92

93

94

95

96

92-94. Robando cámara.
95. Un cuento, mi general.
96. El Congreso Constituyente.

Noria, Obregón cultiva garbanzo en la suya; pero, a diferencia del caudillo oaxaqueño, nada lo impacienta. "Tengo tan buena vista —bromearía años después con sus amigos— que desde Huatabampo alcancé a ver la silla presidencial."

Los desórdenes fisiológicos que debió causar su mutilación lo impelían a comer en exceso. Obregón engordó, encaneció, se abotagó. Jorge Aguilar Mora explica el proceso:

Después de la amputación, comenzó a sufrir trastornos reales e imaginarios, y aprovechaba cualquier ocasión, que de preferencia coincidiera con alguna diligencia de sus negocios, para visitar hospitales norteamericanos. La preocupación por su salud se volvió obsesión y anotaba mentalmente todos los cambios que se producían día a día en su cuerpo. A medida que aumentaba la agudeza de su auscultación, iba confundiéndose más y más con la mirada escrutadora de los otros. A los cuarenta años, cinco después de su mutilación, era ya un hombre viejo...

Pero junto con él engordó su bolsillo. En unos años, La Quinta Chilla pasó de 180 a 3 500 hectáreas, sembradas en su mayor parte de garbanzo. En 1917 Obregón funda la Sociedad Agrícola Cooperativa que pronto vincula a todos los garbanceros de Sonora y Sinaloa. Su objetivo era múltiple: facilitar el financiamiento, el almacenaje, la distribución y la venta del producto; crear estaciones experimentales para mejorarlo, evitar los costos de intermediación y presentar ante los mercados extranjeros un frente común

97

98

97. Tiempos felices.
98. También Porfirio se retiró.

99

99. Engordó.

para proteger el precio. Los resultados no se hicieron esperar. En 1918 el precio se duplicó y el general Obregón se hizo de buenos 50 mil dólares.

En La Noria, Porfirio Díaz fingía disfrutar la vida del campo. En Sonora, Obregón disfrutaba realmente su retorno a las labores agrícolas. Había integrado su vida con su trabajo personal e independiente y se sentía orgulloso de haber triunfado también en esa batalla: "El trabajo más penoso —solía decir— está lleno de placer y de materiales para el mejoramiento propio (...) el trabajo honrado es el mejor de los maestros y la escuela de las penalidades es la más noble escuela." En aquella espera de dos años, mirando de reojo desde su hacienda la silla presidencial, Obregón avanzó con celeridad en la construcción de un pequeño emporio: cría ganado, exporta cueros y carne, adquiere acciones mineras, abre una oficina comercial de importaciones y exportaciones y emplea 1 500 hombres.

Fue seguramente su época más feliz. Todo mundo quería estar con el triunfador valiente y atractivo, el conversador ameno de clarísima inteligencia. Era natural que comenzase a mostrar signos de egolatría:

Con frecuencia hablaba de él mismo, de su personalidad, de sus triunfos, de sus victorias, sin modestia ni recato algunos. Desde obrero de Navolato, pequeño agricultor y presidente municipal de Huatabampo, se había elevado por su propio esfuerzo hasta jefe de la Nación Mexicana. Sus éxitos nunca interrumpidos lo envanecieron extraordinariamente, al grado de pretender criticar las campañas de Foch, de Hindenberg y de Ludendorff que figuraron en la guerra europea, y con especialidad las operaciones militares que se desarrollaron frente a Verdún.

Era, con todo, una egolatría sin patetismo, sin solemnidad, porque Obregón, muy en el fondo, no se tomaba en serio. No había abandonado su convicción sobre la fatuidad de todo lo humano pero, bendecido por la fortuna, habitaba la ribera sonriente de esa convicción: el humor. Bromista, guasón, chocarrero, alegre, ingenioso, dicharachero, socarrón, chistoso, aun payaso. Pulsó todos los registros del humor, menos la ironía.

100

101

100. Se abotagó.
101. "... '¿Ya te conté el chiste de...?'..."

102

103

102. El general de frente.
103. Vicente Blasco Ibáñez.

Vale la pena —es decir, vale la risa— recordar algunas de sus ocurrencias. Era, por ejemplo, experto en respuestas rápidas y juegos de palabras:

A unas damitas, en una fiesta:

—Mi general, ¿gusta usted una copita?

—Gracias, no tomo.

—Un cigarrito.

—Gracias, no fumo.

—Ay, mi general, usted no toma, no fuma, no nada.

—No: nada sí.

Se sabía de memoria —¡qué chiste!— cuentos de todos sabores y colores. Creaba situaciones absurdas, festejaba —y memorizaba— los chistes ajenos y —cualidad suprema— sabía burlarse de sí mismo. A Blasco Ibáñez, a quien le concede una entrevista en 1919, le refirió esta anécdota:

A usted le habrán dicho que soy algo ladrón. Sí, se lo habrán dicho indudablemente. Aquí todos somos un poco ladrones. Pero yo no tengo más que una mano, mientras que mis adversarios tienen dos… ¿Usted no sabe cómo encontraron la mano que me falta? Después de hacerme la primera cura, mis gentes se ocuparon en buscar el brazo por el suelo. Exploraron en todas direcciones, sin encontrar nada. ¿Dónde estaría mi mano con el brazo roto? "Yo la encontraré —dijo uno de mis ayudantes, que me conoce bien—; ella vendrá sola. Tengo un medio seguro." Y sacándose del bolsillo un azteca… lo levantó sobre su cabeza. Inmediatamente salió del suelo una especie de pájaro de cinco alas. Era mi mano, que al sentir la vecindad de una moneda de oro, abandonaba su escondite para agarrarla con un impulso arrollador.

Con su memoria prodigiosa solía crear situaciones cómicas o inverosímiles. Las más sencillas consistían en repetir fielmente una secuencia de naipes, lo accidentado de una carretera o cualquier sucesión de objetos. Pero había otras más divertidas. Cuenta Miguel Alessio Robles que un buen día Obregón escuchó a José Rubén Romero recitar un soneto que acababa de componer:

Al terminar José Rubén Romero de recitar sus versos, le dijo Obregón con su gracia natural:

—Hace mucho tiempo que yo sabía de memoria esos versos —y comenzó a recitarle el mismo soneto que acababa de escuchar él por vez primera.

A José Rubén Romero lo colocó en un predicamento tremendo. Se puso de todos colores y no sabía cómo salir de esa situación.

—¿Cómo va a ser posible que usted recite de memoria ese sone-

104. El general de espaldas.
105. "… como la sonrisa de una calaca mexicana…"

106

106. *Coinciden en su alma la comedia y la tragedia.*

to, si nunca lo he dado a la publicidad? —interrogó el distinguido escritor, cohibido y un poco apenado.

—No habrá dado usted a la publicidad ese soneto, pero su autor sí, y la prueba de ello es que yo lo leí en una revista y me gustó tanto, que me lo aprendí de memoria. Y volvió el Presidente de la República a recitarlo en medio del asombro del poeta.

Al despedirse, Obregón le dijo:

—No se marche usted apenado. Es que yo tengo la facultad de retener en la memoria todo y al estar recitando usted su soneto, me lo aprendí.

Podría parecer extraño, a primera vista, que el mismo hombre que jugaba póquer con la muerte se solazara haciendo bromas hasta consigo mismo. En el fondo no había contradicción. El doctor Ramón Puente —ese fino observador de los caudillos— lo describió con acierto:

...es alegre, bromista, desconcertante, porque nadie vislumbra la línea en que coincide en su alma la comedia con la tragedia. Cuando ésta llega, viene inesperada, aplastante, y, sin embargo, parece no dejarle rastros de amargura, obra con la inconciencia del río que lo mismo descuaja los árboles en sus días de creciente, que refleja apacible el paisaje en sus días de quietud.

La broma y la muerte juntas, como en la sonrisa de una calaca mexicana, son dos formas de escapar a la tensión de la vida, de llenar su vacío, de resolver la fatuidad. Con la vida habría que hacer todo, menos tomarla en serio. Martín Luis Guzmán describió, en pocas palabras, el fondo de su alma. Su viñeta puede parecer cruel:

107. Martín Luis Guzmán.
108. La Quinta Chilla, que ahora ya no lo era tanto.

Obregón no vivía sobre la tierra de las sinceridades cotidianas, sino sobre un tablado; no era un hombre en funciones, sino un actor. Sus ideas, sus creencias, sus sentimientos, eran como los del mundo del teatro, para brillar frente a un público: carecía de toda raíz personal, de toda realidad interior con atributos propios. Era, en el sentido directo de la palabra, un farsante.

Lo que no comprendió Martín Luis Guzmán fue la raíz de esa actitud. Obregón no actuaba siguiendo un plan premeditado y maquiavélico. Actuaba por convicción: él podía ser un farsante, pero la vida era sólo el linde incierto entre la comedia y la tragedia. Era, en el sentido directo de la palabra, una farsa.

107

108

Todos con el triunfador

A PRINCIPIOS DE 1919 Obregón comienza a cosechar un producto más importante que el garbanzo: la unánime popularidad que lo llevará a la Presidencia. Carranza es el primer enemigo de su posible elección. A los ojos "del viejo", a Obregón le falta comprensión de los grandes problemas nacionales, le falta un programa de gobierno y, lo peor, le faltan las virtudes del buen gobernante. Es un militar, y el designio del Presidente es acabar, de una buena vez, con el militarismo. En enero, Carranza se manifiesta públicamente contra los "lanzamientos prematuros" y la "efervescencia política". En marzo, Luis Cabrera ataca en la prensa a Obregón. En abril, Obregón les responde con un seudónimo; a Cabrera le lanza un dardo: "Nunca creen lo que dices porque nunca dices lo que crees"; a Carranza, otro: "El país y yo creemos que de acuerdo a usted nada que lo halague es prematuro y nada que lo afecte es oportuno."

A mediados de 1919 Obregón creía que la presión popular haría ceder "al viejo". No tardaría en desengañarse ni tampoco en tomar

109. En la gloria.
110. Unánime popularidad.

111

112

111-112. Había un pacto con los obreros y Luis Napoleón Morones.
113. Estamos con Obregón.
114. Llegada triunfal a la ciudad de México.

la ofensiva. En junio se autopostula candidato, lanzando un manifiesto a la Nación. En agosto concierta un pacto secreto con la cúpula de la recién fundada CROM (denominado Grupo Acción), a través del cual, de llegar a la Presidencia se comprometía entre otras cosas a crear un departamento de trabajo autónomo, designar un ministro de Industria y Comercio afín a esa organización y promulgar la Ley del Trabajo. Así, una vez más repetía la estrategia que le sirvió para formar los batallones yaquis y rojos.

En noviembre realiza una serie de giras triunfales. Era tan evidente su popularidad, que hasta Palavicini —uno de sus archienemigos— lo consideraba el candidato más viable. El tono de su campaña era triunfalista, pero tenía razones para serlo. Si había triunfado contra la naturaleza, la lluvia, el chahuixtle, los vientos y sobre Orozco, Huerta, Zapata y Villa, ¿cómo no iba a desplazar, hasta por la buena, a su ex jefe Carranza?:

(...) no descansó un solo momento. Observaba los planes de sus enemigos para desbaratarlos. Pronunciaba discursos, daba conferencias en las Cámaras de Comercio, publicaba declaraciones, movía a todos sus partidarios. Atrevido, valiente, hacía cabalmente

113

114

LLEGADA DEL C. EX GRAL ALVARO
12-14-1919,
FOT. NAVA

115

todo lo contrario de lo que su adversario quería que hiciera. Era dueño absoluto de sus acciones (...) Organizaba partidos y clubes. Recorría la Nación entera de pueblo en pueblo y de ciudad en ciudad. Conversaba con todos. Muchas veces abandonaba el vagón de primera en que viajaba, para ir a charlar con el pasaje de segunda y de tercera. Así crecía y avivaba más su popularidad, no solamente con sus discursos en los cuales hablaba de rectitud y de moral; sino codeándose con las multitudes, con todos sus conciudadanos. Él no tenía más afán que aparecer como un enemigo abierto del régimen del presidente Carranza. Todos sus partidarios lo secundaban abiertamente. En ese punto no había discrepancia alguna.

Ni en ese ni, aparentemente, en ningún otro. Todas las maniobras le resultaban: hasta las del enemigo. El Senado puso en entredicho su investidura militar, con lo cual, lejos de perjudicarlo, lo benefi-

116

117

ció. Ahora podía presentarse como lo que había sido en el origen: un civil al que el destino convirtió en militar. Así conservó las ventajas del aura militar sin sus inconvenientes.

Por momentos, aquella sucesión presidencial debió parecerle casi un juego. Una mañana —cuenta Alessio Robles— Obregón salió muy temprano de la casa en que se hospedaba:

—No tardo —me dijo—, regreso a desayunarme con usted. Si vienen algunos amigos que me esperen.

Antes de una hora, ya estaba de regreso el general Obregón. Llegaba con los periódicos del día en su mano. Radiante de felicidad. Su rostro sanguíneo, la nariz chata, los grandes ojos verdes llenos de luz, con la frente ancha y despejada.

115-117. Prefería las otras campañas.
118. ¿Dormía o fingía dormir?▶

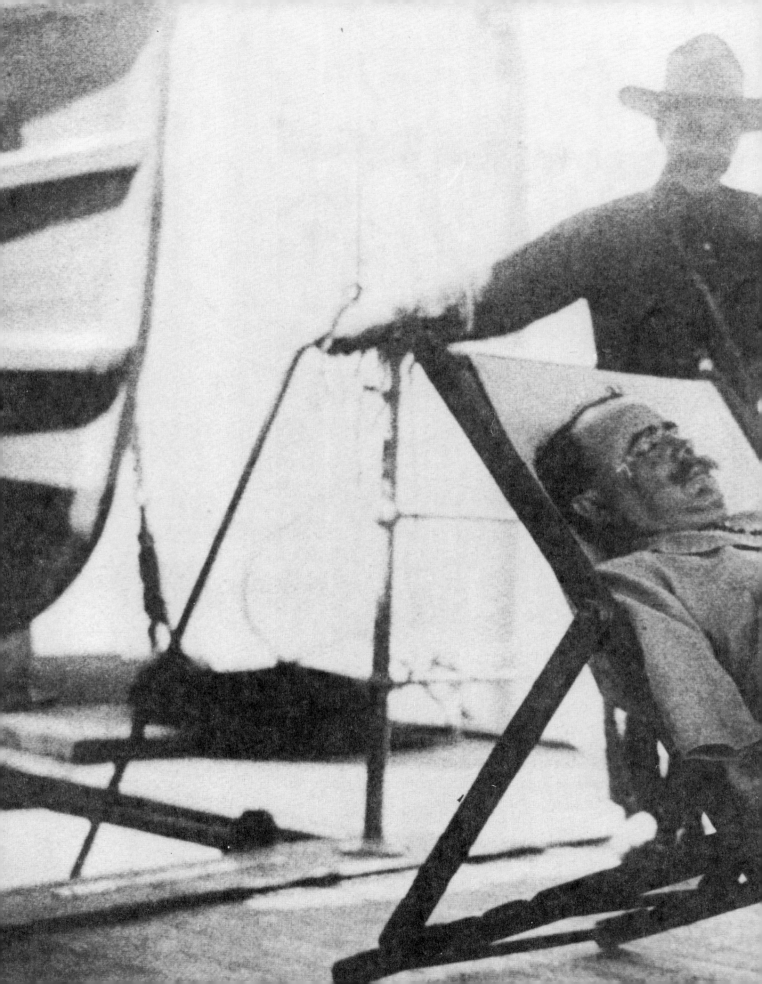

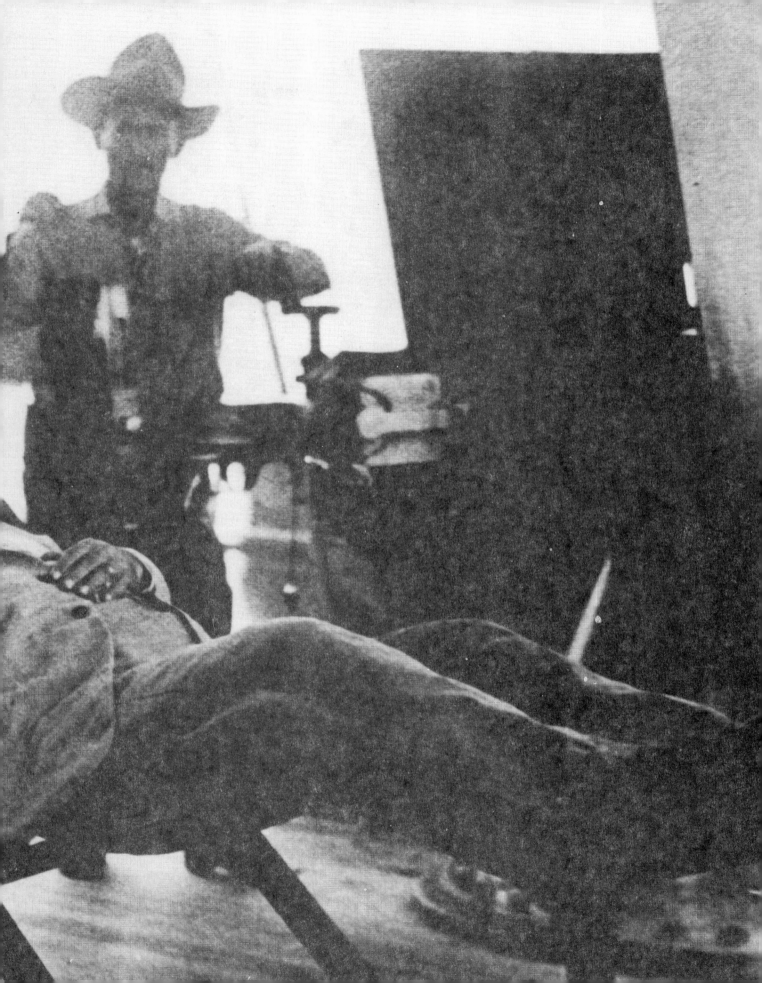

119

Al instante comenzó a contarme que había llegado hasta la
puerta de honor del Palacio Nacional, que el automóvil lo había
dejado más lejos, y se fue a estacionar frente a la guardia del
presidente Carranza. Contó que todos los soldados se le habían
cuadrado marcialmente, y que llamó a un papelero para com-
prarle los periódicos de la mañana: *El Universal, Excélsior, El
Monitor Republicano* y *El Heraldo de México* y, que, como el
muchacho no traía cambio de un peso —feria, como se dice en
el Norte, calderilla, como se dice en España— los soldados se
apresuraron a pagar los veinte centavos que importaban los
cuatro periódicos.

—Le hubiera usted dejado el peso al muchacho —contesté yo
apresuradamente.

—No —dijo el general Obregón— yo quería saber si la misma
guardia del presidente Carranza, me era hostil. Pero, me convencí
de lo contrario.

En enero de 1920 el barco de la legalidad representado por el presidente Carranza hace agua por todas partes y, como sucede en esos
casos, casi todos lo abandonan. Con Carranza estaban los principios;
con Obregón y la dinastía sonorense, los intereses, la juventud y el
poder. De nada sirve el cónclave de gobernadores que se orquesta
para desacreditar a Obregón. En San Luis Potosí éste declara que

119. La escapatoria.

ver a los gobernadores de Guanajuato o Querétaro —leales a Carranza— preparar un programa para garantizar el sufragio es como ver a los criminales en las Islas Marías estudiando un programa para garantizar la propiedad y prevenir el robo.

La tensión se convierte en represión. En abril el Gobierno tiende a Obregón una celada. Lo cita a declarar en el juicio que se le sigue a un militar de apellido Cejudo, a quien supuestamente se le han encontrado instrucciones de levantamiento que comprometen a Obregón. Éste acude a la ciudad pero evade la celada. Disfrazado de ferrocarrilero y con la ayuda de uno de verdad —Margarito Ramírez— escapa en un tren hacia el sur. En Guerrero lo espera un gobierno "obregonista de hueso colorado" y dispuesto a romper el pacto fede-

120

120. A su derecha Maycotte: "...' usted es mi comandante'..."

ral. Al ver al jefe de Operaciones Militares, Fortunato Maycotte —su antiguo lugarteniente en la batalla de Celaya—, Obregón se cuadra y dice: "Soy su prisionero", pero Maycotte le responde: "No: usted es mi comandante".

El 20 de abril Obregón lanza desde Chilpancingo un manifiesto en que acusa a Carranza de pretender imponer a un candidato impopular —Bonillas— y apoyar la campaña con dineros públicos. Desde ese momento se ponía a las órdenes "del ciudadano Gobernador Constitucional del Estado Libre y Soberano de Sonora, para apoyar su decisión y cooperar con él hasta que sean depuestos los Altos Poderes".

El 23 de abril los sonorenses lanzan el Plan de Agua Prieta. Cinco semanas más tarde el jefe supremo del Ejército Liberal Constitucionalista, Adolfo de la Huerta, asumiría la Presidencia interina de la República.

121. En Chilpancingo.

Ideario práctico

AL MISMO TIEMPO que por la lucha militar, México había transitado por una revolución no menos profunda y quizá más trascendente: una revolución de ideas. Nuevas concepciones sobre la propiedad, el problema agrario, las relaciones obrero-patronales, el papel político de la Iglesia, el carácter del Estado en la economía, etcétera... Aunque inconforme con buena parte de la nueva legislación, Carranza sabía que la Constitución del 17 sería en la vida nacional un parteaguas semejante a las Leyes de Reforma. Por su parte, Obregón, que en Querétaro había defendido los artículos radicales, no hace mención de ellos ni de la nueva carta en su manifiesto del 1o. de junio de 1919. A diferencia de Carranza y de los legisladores a los que había apoyado, Obregón no es un hombre sensible a las ideologías. Sus ideas sociales y políticas son eminentemente prácticas.

Para Obregón, según se desprende del manifiesto, no había sino un problema básico en el país: buscando el poder y la riqueza, los caudillos del partido liberal se habían vuelto vehículos de la reac-

122. Cosecha de simpatías.

122

124

ción. Se corría el riesgo de que esos nuevos intereses materiales bloqueasen "los principios avanzados de la lucha, sobre todo el sufragio efectivo". Peligraban la paz y los logros de la Revolución por "*no permitir al país librarse de sus libertadores*".

La gran frase corrió como reguero de pólvora, pero el manifiesto iba más lejos. Para librar al país de sus libertadores, Obregón propone "un camino que rompe con todas las fórmulas y moldes". Emulando inconscientemente a Napoleón III, convoca a una suerte de plebiscito nacional alrededor suyo y se lanza al "tablado político" por sí mismo y sin compromisos: como un deber y un sacrificio sentidos auténticamente. Al hacerlo no ofrece un programa social, que a fin de cuentas no es sino "prosa rimada", sino un propósito moral y político: depurar el gobierno y defender la libertad de sufragio. Al referirse al problema económico del país, su interés primordial, como se sigue del texto, es dar garantías y confianza al inversionista extranjero. El manifiesto concluía con un llamado a la ciudadanía para integrar el Gran Partido Liberal.

En sus discursos de campaña Obregón reveló un pragmatismo similar. Para triunfar, el país y sus hombres sólo requerían la conjun-

123. "Liberando al país de sus libertadores."
124. "Sus ideas políticas y sociales son eminentemente prácticas."

125

126

ción de tres factores: oportunidad, esfuerzo y técnica en el esfuerzo. De esta actitud, típica de cualquier empresario moderno, se desprendía un ideario particularmente ayuno de ideología.

Tenía mala opinión de los latifundistas; pero no les achacaba abuso, injusticia o explotación, sino algo peor a su juicio: improductividad. Su atraso, su ánimo rutinario, su afán proteccionista les habían quitado toda posibilidad de competir en el extranjero. Eran, en suma, malos empresarios. De allí se colige la solución obregonista para el campo:

Es indudable que la verdadera igualdad, como la anhelaríamos o la anhelamos, no podría realizarse en toda la amplitud del concepto de la palabra, porque en la lucha por la vida hay hombres más vigorosos, hay hombres más inteligentes, hay hombres más acondicionados, preparados física e intelectualmente mejor que los demás, y ésos, indudablemente, son los que tendrán que sacar ma-

125. El espectro de Carranza no lo abandonaría jamás.
126. Lucio Blanco (con bastón) apoyaba a Bonillas (fumando).

127

128

129

yores ventajas a sus esfuerzos en la lucha por la vida; pero sí es
necesario y eso sí lo podríamos realizar, que los de arriba sientan
más cariño por los de abajo; que no los consideren como factores
de esfuerzo a su servicio únicamente, sino como cooperadores
y colaboradores en la lucha por la vida, para quienes deben mayores consideraciones y mayores atenciones en el pago de sus
esfuerzos.

El papel social del Gobierno debía limitarse, pues, a "lograr el
equilibrio entre los factores de la producción (...) salvar al capital

127. Triunfador indiscutido.
128. Genovevo de la O: "¿Confiaré en Obregón?"
129. Había recorrido ocho mil kilómetros de
campaña.

130

131

garantizando los derechos del obrero (...) ser el fiel de la balanza"
Frente a los Estados Unidos Obregón consideró necesario cambiar
de actitud:

en lo sucesivo, México no será un problema para los demás pueblos de la Tierra, ni mucho menos para el gobierno vecino de los
Estados Unidos; México, en lo futuro, no ejecutará un solo acto
que esté en pugna con la moral y con el derecho; y ningún pueblo
que se llame civilizado podrá exigirnos que nos apartemos de esa
línea de conducta (...) Nosotros respetaremos los derechos de to-

130. Frente a los Estados Unidos: una nueva
actitud.
131. Obregón sobre el águila, el nopal y la
serpiente.

dos y cada uno de los ciudadanos nacionales y extranjeros que existan en nuestra República; y cuando nosotros probemos con hechos que sabemos seguir esa política, tendremos derecho a exigir para nosotros también el respeto de todos los demás pueblos de la Tierra.

Aquello sonaba un poco a *mea culpa*, pero en realidad era el anzuelo conciliador para que el inversionista norteamericano viniese a arriesgar su "capital honesto" junto a los mexicanos, sin buscar ventajas extralegales o monopolios.

Como se ve, Obregón no pronunció una palabra de radicalismo ideológico. Algunos malpensados comenzaron a identificar en sus ideas rasgos de otros tiempos. Su programa buscaba la pacificación definitiva del país y la modernización agrícola e industrial. ¿No había declarado Obregón que su gobierno haría más administración que política? ¿No le había confiado a Lucio Blanco en 1914 que ellos serían "los nuevos científicos"? ¿No había escrito sus *Ocho mil kilómetros en campaña*, como su oaxaqueño antecesor, extrayéndolos casi por entero de su memoria? Pero no era necesario maliciar tanto. El propio Obregón lo pregonaba: "El único pecado de don Porfirio... fue envejecer."

132. "Haré más administración que política."

Reconstrucción educativa

EL BREVE interinato de Adolfo de la Huerta fue un periodo más importante de lo que se ha creído. Entre otras cosas, el suave Presidente logró la pacificación general por métodos civiles: Villa, Pablo González, los jefes zapatistas que quedaban, Félix Díaz, Manuel Peláez, Juan Andreu Almazán, Marcelo Caraveo... Uno a uno fueron deponiendo las armas por la buena. La revolución no tenía enemigo al frente. Había llegado la hora de convertir en realidad el título de un libro notable escrito por Salvador Alvarado: *La reconstrucción de México*. El propio Alvarado viajó a los Estados Unidos para anunciar el advenimiento de la paz. Otro signo de los tiempos lo constituyó el regreso de muchos exiliados por la Revolución. Uno de ellos fue la mejor contratación de De la Huerta y un legado inapreciable para el gobierno de Obregón: José Vasconcelos.

133. De la Huerta le preparó el camino.

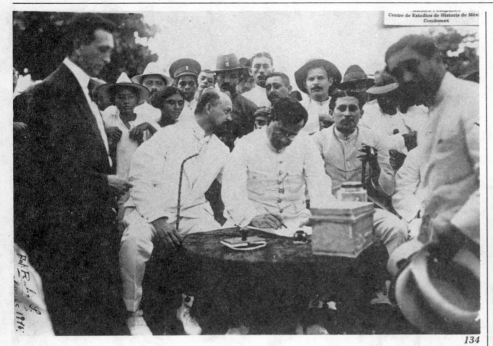

134

135

136

Vasconcelos era dos años menor que Obregón: en 1920, al llegar a México para encargarse de la Rectoría de la Universidad, tenía 38 años. En los últimos años del régimen porfiriano había formado parte de un grupo de filósofos, escritores y humanistas llamado el Ateneo de la Juventud, entre cuyos miembros estaban personas que ya en 1920 gozaban de cierta notoriedad: los escritores Pedro Henríquez Ureña, Alfonso Reyes y Martín Luis Guzmán, el filósofo Antonio Caso, el pintor Diego Rivera. Maderista de la primera hora, Vasconcelos se había rebelado contra Huerta y había ocupado en 1914 la cartera de Educación en el efímero gobierno de Eulalio Gutiérrez. En 1915 salió a un largo destierro que lo llevó a Europa, Sudamérica

134. Alvarado, reconstructor.
135. De la Huerta decía: "Hay que saberse rodear."
136. Vasconcelos: el caudillo cultural.

y los Estados Unidos. De pronto, al caer su odiado régimen "carran-clán", José Vasconcelos regresa con un proyecto casi mesiánico para el país.

Como rector de la Universidad durante el período de De la Huer-ta, Vasconcelos inventa el lema "Por mi raza hablará el espíritu"; pero muy pocos advierten la implicación casi religiosa de sus pala-bras y la dimensión de su proyecto. Obregón lo escucha y lo apoya. Al hacerlo, y por ese solo hecho, marca su distancia histórica y mo-ral con Porfirio Díaz, quien nunca confió en ningún intelectual, ni siquiera, enteramente, en Justo Sierra. A lo pocos días de inaugu-rar su régimen, Obregón crea la Secretaría de Educación Pública y federaliza su ámbito de acción. Gracias a su simpatía e interés, Vas-concelos pudo realizar una obra educativa y cultural que aún ahora, de muchas formas, sigue presente.

137. Gabriela Mistral.
138. Álvaro y Pepe.

Uno de los capítulos de aquella aurora educativa fue la creación de escuelas rurales, técnicas, elementales e indígenas. A guisa de soldados de moderna cruzada, la Secretaría envió a los sitios más apartados a varios cientos de maestros misioneros. En Teotihuacán, por ejemplo, el antropólogo Manuel Gamio inauguró una "escuela integral" que buscaba guiar la vida de los campesinos sin desarraigarla.

Pero la escuela era sólo un capítulo. Otro, muy brillante, fue el desarrollo de las Bellas Artes. En tiempos de Obregón México vivió un verdadero renacimiento de los valores nacionales, una vuelta múltiple y generosa a todos los orígenes: el pasado indígena y el español, la Colonia y la provincia. Abundaron los bailables, los orfeones y todo tipo de festivales musicales. En 1921, el mismo año de su muerte, Ramón López Velarde escribe *La suave Patria*. Y también en 1921, a iniciativa de Vasconcelos, los pintores Diego Rivera, José Clemente Orozco, Jean Charlot, Fermín Revueltas, David Alfaro Siqueiros y Roberto Montenegro, entre otros, se adueñan de los muros de varios venerables edificios coloniales para expresar el evangelio social de la Revolución.

Daniel Cosío Villegas, uno de los escuderos intelectuales de Vasconcelos en aquella cruzada de la cultura y la educación, escribiría mucho tiempo después, con nostalgia:

Entonces sí que hubo ambiente evangélico para enseñar a leer y escribir al prójimo; entonces sí se sentía, en el pecho y en el corazón de cada mexicano, que la acción educadora era tan apremiante y tan cristiana como saciar la sed o matar el hambre. Entonces comenzaron las primeras grandes pinturas murales, monumentos que aspiraban a fijar por siglos las angustias del país, sus proble-

139

140

141

139. Manuel Gamio.
140. Diego Rivera.
141. Apoyó a Vasconcelos.
142. Ballet mexicano.

143

144

145

146

mas y sus esperanzas. Entonces se sentía fe en el libro, y en el libro de calidad perenne; y los libros se imprimieron a millares, y por millares se obsequiaron. Fundar una biblioteca en un pueblo pequeño y apartado parecía tener tanta significación como levantar una iglesia y poner en su cúpula brillantes mosaicos que anunciaran al caminante la proximidad de un hogar donde descansar y recogerse. Entonces los festivales de música y danza populares no eran curiosidades para los ojos carnerunos del turista, sino para mexicanos, para nuestro propio estímulo y nuestro propio deleite. Entonces el teatro fue popular, de libre sátira política, pero, sobre todo, espejo de costumbres, de vicios, de virtudes y de aspiraciones.

Por desgracia, los tiempos no eran totalmente propicios a la nueva evangelización educativa que soñó Vasconcelos. Ya en 1923, el horizonte incierto de la elección presidencial inquietaba la vida pública y bloqueaba de muchas maneras el difícil trabajo de organizar la educación. Vasconcelos, que en 1922 había recorrido triunfalmente Latinoamérica llevando un mensaje de ejemplaridad mexicana, sentía que comenzaba a arar en el mar. Por lo demás, al propio Obregón le asaltaban dudas sobre la eficacia del proyecto educativo. Le parecía absurdo que Vasconcelos editase a los clásicos mientras el pueblo carecía de identidad no sólo nacional sino regional y hasta local.

Con todo, a despecho de sus desavenencias, el "pacto" entre Obregón y Vasconcelos resultó inmensamente fructífero. En dos

143. Xavier Villaurrutia.
144. Vicente Lombardo Toledano.
145. Jaime Torres Bodet.
146. David Alfaro Siqueiros.

años escasos México ganó confianza en sí mismo, aprecio por sus raíces y reconocimiento internacional. A la vera de Vasconcelos, en aquella Secretaría se formó toda una generación de artistas y escritores que formaría a su vez a nuevas generaciones. Gracias a aquel pacto se dio el primer impulso a la nueva industria editorial. Pero sobre todas las cosas se abrió un camino de creatividad y reconstrucción que pronto inspiraría otros empeños nacionales.

147. Ramón López Velarde.
148. José Vasconcelos.
149. Daniel Cosío Villegas.
150. "Fibra, muchachos."

147

148

149

150

Difícil conciliación

LOS OTROS ASPECTOS del régimen obregonista fueron menos luminosos. Una vida política bronca y encrespada hacía difícil la reconstrucción. En cada uno de los frentes sociales y políticos abiertos por la Constitución de 1917 existía un clima de violencia que Obregón no siempre pudo paliar. Factor importante de tensión fue la actitud de la CROM. Su líder, Luis N. Morones, pretendió hacer efectivas una por una las cláusulas de su pacto de 1919 con Obregón. A pesar de tener representantes en puestos significativos de la administración, Morones y su Grupo Acción buscaron ampliar su influencia pública y, en gran medida, lo consiguieron. Hacia 1923, recurriendo menos a procedimientos lícitos que a la violencia, la CROM había doblegado a la más seria de sus competidoras, la CGT, de filiación anarquista, y había vulnerado casi todos los núcleos restantes de poder, con excepción del Ejército: el periódico de oposición *El Universal,* los partidos Liberal Constitucionalista, Nacional Agrarista y Cooperatista; la Iglesia, y hasta la

151. En la Silla.
152. "…una vida política bronca y encrespada…"
153. Morones testifica una boda socialista.

152

153

154

155

Escuela Preparatoria. Al finalizar el régimen de Obregón, estaba claro que la CROM había expandido su poder y escapado del control presidencial para refugiarse en un nuevo pacto, aún más ambicioso que el de 1918, con el futuro presidente: Plutarco Elías Calles.

En términos de política social, Obregón se apegó más que Carranza al texto constitucional. Durante su periodo se repartieron 921 627 hectáreas, casi cinco veces más que durante los regímenes de Carranza y De la Huerta juntos. El artículo 123 siguió, como otros, sin reglamentarse, pero Obregón no contravino sus disposiciones más importantes. En el Distrito Federal empezó a concederse el descanso dominical con goce de sueldo, funcionaron parcialmente

154. Arenga de Soto y Gama.
155. Sovietistas en la cámara.

las juntas locales de conciliación y se respetó el derecho de huelga siempre y cuando los demandantes perteneciesen a la CROM. (En otros casos, como ocurrió con la huelga ferrocarrilera, la represión no se hizo esperar.)

Con la iglesia el tono de las relaciones fue también de tensa conciliación. Obregón felicitó al nuevo papa Pío XI en 1922, y en privado insistía en la "complementariedad" del programa revolucionario y el católico. Pero el horno no estaba para bollos. La Iglesia se hallaba en general muy lejos de resignarse a los artículos 3 y 130 de la Constitución y algunos obispos combatían la entrega de tierras o la sindicalización obrera secular. Los choques entre cromistas y miembros de la Acción Católica de la Juventud Mexicana (la ACJM) comenzaron a ser noticia cotidiana. El suceso más grave ocurre cuando el delegado apostólico Filippi acude al Cerro del Cubilete a consagrar a Cristo Rey: el pueblo se postra a sus pies, pero el Gobierno le aplica el artículo 33. Con todo, para quien tuviese dos dedos de frente era claro que Obregón, pese a sus despliegues jacobinos de 1914-1915, no compartía del todo la ideología anticlerical de Plutarco Elías Calles, su ex ministro de Gobernación (que para entonces había renunciado en vistas a su próxima elección). En 1924 llega a México un nuevo delegado apostólico.

La verdadera obsesión del Presidente era otra: lograr el reconocimiento del gobierno norteamericano. En las Fiestas del Centenario de la Consumación de la Independencia que organiza en 1921 hay, claro, un toquecillo de nostalgia porfiriana —después de todo, Obregón había estado en la capital en septiembre de 1910—, pero también un motivo diplomático: aislar a los Estados Unidos de otras naciones que habían reconocido al régimen de Agua Prieta. Obregón no transige ante las amenazas más burdas que condicionan el reconocimiento a la derogación del artículo 27 o a la firma de un tra-

156

157

156-157. Filippi acude al Cerro del Cubilete.

158

159

158. Saliendo del hipódromo en las fiestas del Centenario, con Roque Estrada y Francisco Serrano.
159. Fito.

tado de amistad y comercio. Sin embargo, cede prendas no menos importantes: en 1921 la Suprema Corte falla en favor de la Texas Oil, sentando un precedente de no retroactividad en la aplicación del artículo 27; en 1922 De la Huerta, ministro de Hacienda, firma el famoso convenio De la Huerta-Lamont, por medio del cual México reconocía una deuda de 1 451 millones de dólares con el Comité Internacional de Banqueros. Pero el régimen norteamericano exige más, y en 1923 se llevan a cabo las Conferencias de Bucareli, al cabo de las cuales Obregón obtendría dos cosas: el reconocimiento de los Estados Unidos y la fama de "entreguista".

En esencia, los Tratados de Bucareli contenían dos pactos. Por el primero, los dos países se comprometían a formar dos comisiones mixtas de reclamaciones: una por daños sufridos por personas físicas y morales norteamericanas en el periodo revolucionario; otra por daños mutuos causados a partir de 1868. Por el segundo, el Poder Ejecutivo mexicano se obligó a no dar acción retroactiva al artículo 27 en materia de petróleo y a indemnizar en efectivo a los norteamericanos por toda expropiación agraria que tuviera otro objeto que la dotación ejidal, o que, persiguiendo ese fin, excediera las 1 755 hectáreas.

Años después, el joven jurista Antonio Gómez Robledo resumiría en una frase la crítica histórica al segundo pacto:

El pacto extraoficial petrolero es violatorio de la Constitución mexicana, cuyo artículo 27, al nacionalizar sin taxativas toda mezcla de carbono e hidrógeno yacente bajo el suelo nacional, no autoriza a las leyes orgánicas a reconocer los supuestos derechos adquiridos y crear las llamadas concesiones confirmatorias. En la parte agraria, el privilegio especial otorgado a los norteamericanos no necesita comentario.

Los defensores de Obregón argumentarían, en cambio, que el Presidente no modificó el artículo 27 ni ató de manos a los futuros gobiernos para reiniciar su reglamentación y puesta en práctica. Pero la verdadera urgencia de Obregón era otra: el reconocimiento aseguraba que ningún levantamiento contra su régimen contaría con armas norteamericanas. Y a esas alturas del año 1923 el horizonte presagiaba ya la tormenta.

160. Cuadrilátero de Bucareli.

Guerra civil sonorense

EL PARTIDO LIBERAL CONSTITUCIONALISTA formado por el sonorense Benjamín Hill —muerto en condiciones misteriosas al principio del gobierno de Obregón— y varios otros liberales de buena cepa (Manuel García Vigil, Fernando Iglesias Calderón, Rafael Martínez de Escobar y José Inés Novelo) había librado hasta 1922 una batalla tan espléndida como infructuosa para instaurar en el país una democracia plena. El PLC pugnaba por la descentralización del poder, el sufragio efectivo, la total división de poderes, y había llegado a soñar con un régimen parlamentario. Más temprano que tarde, con ayuda de la CROM y de los otros partidos de la Cámara, Obregón logra dispersar a los peleceanos que habían impulsado su candidatura a la Presidencia. En 1923, cuando es claro que Obregón favorece la candidatura de Calles, el Partido Cooperatista propone la de De la Huerta y recoge algunas de las propuestas del Liberal Constitucionalista. Un sector de la opinión pública sintió que Obregón incurría en una imposición política similar a la que había criticado en Carranza. Vasconcelos expresaría ese desánimo, años más tarde:

Los antecedentes, las capacidades de aquel Presidente singular reclamaban una solución más alta: entregar nuestra obra al pueblo, para que en su seno se salvase creciendo, o bien, para que diluida, desintegrada, se perdiese con honra. Una convención electoral lealmente constituida, sin duda habría encontrado una solución patriótica, mediante la candidatura de un ciudadano respetable, ajena a camarillas y ambiciones. Un jefe así escogido habría

163

162

161. "¡...'Ya me estaba aburriendo del empleíto'...!"
162-163. ¿Quién mató a Benjamín Hill?

164

conquistado el apoyo de la Nación y la confianza de obregonistas y revolucionarios de toda modalidad. Desgraciadamente, en vez de los ciudadanos, se movilizaron los cuarteles. La corrupción y la espada desataron sus furores, corrió sangre a raudales, sangre equivocada y también sangre noble...

El ciudadano respetable en quien había pensado Vasconcelos era, por supuesto, Vasconcelos mismo, pero la dinastía sonorense prefirió desintegrarse en la violencia que ceder el poder. "Sobrevino la hecatombe —añadiría Vasconcelos— y la vida política del país dio un salto atrás pavoroso."

Un salto a la guerra. A fines de 1923 estalla la rebelión delahuertista. Con la muerte, en 1922, de Murguía y Lucio Blanco y el asesinato de Villa en julio de 1923 habían desaparecido tres de las mayores amenazas reales o potenciales para el régimen. No obstante quedaba una larga fila de generales que soñaban con un caño-

164. Con Pani y Vasconcelos.
165. De nuevo hacia la guerra.
166. Vehemencia delahuertista.
167. El último banquete juntos.

nazo de más de 50 mil pesos: la silla presidencial. En la rebelión delahuertista, que involucró a más de la mitad del Ejército contra Obregón, muchos de estos generales vieron la oportunidad de acercarse a
la preciada silla. Otros, más nobles, como diría Vasconcelos, se le-
vantaron por vergüenza democrática.

Obregón proclamaba estar de plácemes: "Ya me estaba aburriendo del empleíto." Mientras los rebeldes se hacen fuertes en Vera-

165

166

167

168

169

168. De nuevo hacia el Bajío.
169. Soldaderas obregonistas.

cruz y Jalisco, el Presidente se marcha al Bajío. Pronto se entera de
la defección de García Vigil con su Plan de Oaxaca. Muchos de sus
antiguos compañeros de armas militan en contra suya. Cesáreo Castro y Fortunato Maycotte —su compadre— se enfrentarán a sus
fuerzas en Esperanza, Veracruz. Salvador Alvarado, Buelna, Enrique Estrada y Diéguez harán lo propio en Ocotlán, Jalisco, contra
los generales Amaro, Serrano, Calles, Ortiz, Cárdenas, comandados
por el propio Obregón. "Los delahuertistas me sacaron de Celaya
—comenta el Presidente— pero ya verán que yo los sacaré de Veracruz."

Y en efecto, los sacó. Después de la batalla de Esperanza los delahuertistas se repliegan a Yucatán y salen al exilio. En Ocotlán la lucha fue aún más terrible, según recuerda uno de los personajes más
violentos de la época, el general Roberto Cruz:

Nadie dio cuartel. Fue una batalla fiera en la que se disputó, primero el río y más tarde cada pulgada de terreno, como si fuese el
último baluarte. Cómo quedaron muertos regados por todos la-
dos. Vi muchos cadáveres. Vi también cabezas que nadaban en el
río, como troncos, como inmensos frutos caídos de no sé dónde.

En lo personal, Obregón había vuelto a su antiguo oficio. Tornó a arriesgar la vida propia y a disponer de la ajena, aun la de sus antiguos amigos. Salvador Alvarado muere asesinado a quemarropa por un subordinado que lo traiciona en la población de Frontera, Tabasco, no muy lejos de Yucatán, donde había instaurado su breve laboratorio socialista. Manuel Diéguez, el viejo luchador de Cananea, escapa con sus hombres desde Jalisco y cruza Guerrero, Oaxaca, Chiapas, hasta caer preso. Telegrafía a Obregón recordando los tiempos en que peleaban juntos; éste le responde que su falta de vergüenza es sólo comparable a su miedo de morir. Diéguez cae fusilado. Pero la muerte más terrible es la que espera a Fortunato Maycotte. Una tremenda cacería que incluye patrullas y buques lo

170

171

170. "Yo soy rielera…"
171. "También los sacaré de Veracruz…"

172

173

174

persigue por Puebla, Morelos, Guerrero, Oaxaca y la Mixteca. En Puerto Escondido su sed lo delata. Obregón, por supuesto, tampoco lo perdona. La clemencia nunca había sido su fuerte.

La rebelión dejó un saldo de siete mil muertos. Al finalizar su periodo, Obregón le confió a algún admirador: "Voy a salir por la puerta grande del Palacio Nacional, envuelto en la consideración y el cariño de mi pueblo."

Quizá para entonces se equivocaba. En 1920 había entrado "envuelto" en la unanimidad, pero cuatro años después la opinión sobre su gobierno se había dividido. El propio Obregón tal vez admitía, en su fuero interno, que el paso de militar a Presidente había sido más difícil e incierto que el de agricultor a militar. En su haber po-

172. Los Cuatro Ases: Eugenio Martínez, Álvaro Obregón, Calles y Serrano.
173-174. Carrillo Puerto, antes y después.

día ostentar la obra educativa, ciertos avances fiscales y hacendarios, un tono tensamente conciliatorio con la Iglesia y un apoyo moderado a las demandas obreras y campesinas. Pero a su cargo los enemigos señalaban la transacción con los Estados Unidos, la centralización política, el ahogo de los partidos en la Cámara y la traición a su propio manifiesto de junio de 1919. Y no faltaba quien le atribuyera el deseo de repetir la maniobra que Porfirio Díaz urdió en 1880: imponer a su compadre Manuel González para luego reelegirse *ad aeternum* o, como el mismo Obregón diría, hasta cometer el pecado de envejecer.

Miguel Palacios Macedo, uno de los jóvenes que participaron destacadamente en la rebelión delahuertista, comentaría cincuenta años después que la Revolución Mexicana había sido finalmente un movimiento histórico "abortado": "aquellos hombres sólo querían mandar."

Quizá tenía razón. Se cuenta que el propio Obregón contestó alguna vez a un paniaguado que lo felicitaba por su aspecto sano, robusto y fuerte: "Claro, mi amigo, pues no es lo mismo ser mandado que estar mandando."

175. Diéguez enterrando a Buelna; pronto caería fusilado.

Archivo Fotográfico
Centro de Estudios de Historia de México
Condumex

De presidente a agricultor

IGUAL QUE EN 1917, al terminar su periodo presidencial Obregón regresó al Náinari —su propiedad en la región del Yaqui—, y como entonces, volvió a sus afanes agrícolas con ímpetus mayores. Ahora no se trataba de construir un emporio sino un imperio. Con la ayuda no muy *sancta* del novísimo Banco Nacional de Crédito Agrícola compró buena parte de las tierras de la Compañía Richardson y amplió sus negocios hasta abarcar los siguientes giros, además de su habitual cosecha de garbanzo y algodón: irrigación del Valle del Yaqui, molino de arroz en Cajeme, empacadora de mariscos, fábrica de jabón, venta de materiales de construcción y equipo agrícola, oficina comercial de exportación e importación, granja, plantíos de tomate, importación de henequén, estación agrícola experimental, mejoras al puerto de Yávaros en el río Mayo, distribuidora de autos, fábrica de bolsas de yute...

Lo cierto, sin embargo, es que Obregón fue mejor vendedor y productor que administrador. Era caudillo de los negocios, no frugal empresario. Buena parte de ese crecimiento lo habían financiado préstamos californianos y nacionales. Fue su última etapa de bromas y felicidad, de tregua al lado de su esposa, sus hijos pequeños y grandes, en la quietud de una vida familiar que sinceramente apreciaba como valor sin mancha.

Quizá por eso cuando un embajador que lo visitaba le preguntó al verlo vestido de agricultor si estaba disfrazado, Obregón le respondió así:

—No, embajador. Allá, en la Presidencia, fue donde anduve disfrazado.

La respuesta, claro, era también un disfraz. Tenía tan buena vista que desde el Náinari vigilaba la silla presidencial. Pero quería y no quería volver a ocuparla. A un amigo le confió: "Antes me llamaron para carne de cañón, ahora me llaman para carne de crisis." La frase expresa el arco completo de la vida de Obregón tal y como él lo concebía. Su ascenso había sido siempre vertiginoso: en sus primeros pasos como mecánico inventor, en su invicta carrera militar, en su emporio agrícola y hasta en su carrera presidencial que ya presagiaba los pasos de don Porfirio. Pero ¿había elegido su destino?, y si lo había elegido, ¿dejaba por eso de ser un destino de fatuidad, marcado en cada estación, desde la niñez hasta la última batalla, por la mueca de la muerte? La silla presidencial le atraía pero no por el poder, y menos aún por los programas de reconstrucción económica y social que podía emprender desde ella, sino por el aura de deber y sacrificio que la rodeaba.

176. Había elegido su destino.
177. "...en la presidencia anduve disfrazado..."
178. Buen empresario, mal administrador.

177

Convocación de la muerte

E N ABRIL DE 1926 a nadie se le ocultan las intenciones del gran *Manco de Celaya*. Pasa temporadas cada vez más largas en la capital y frecuentemente se aloja en el Castillo de Chapultepec. "No es Calles el problema —escribe el viejo liberal Antonio Villarreal a José Vasconcelos—, es Obregón: usted no se imagina la ambición que hay en ese hombre. Ríase de don Porfirio." Será hasta octubre de 1926, luego de varias sesiones tormentosas, cuando la Cámara de Diputados y la de Senadores aprueben la reelección de Obregón.

Pero esta vez las ambiciones presidenciales del sonorense toparían con una impopularidad generalizada y dos candidaturas contrarias: primero la del general Arnulfo R. Gómez, y tiempo después, la de su "dedo chiquito", Pancho Serrano.

De octubre de 1926 a abril de 1927 Obregón prueba una vez más el viejo sabor de la guerra. Al mando de 15 mil hombres, cierra el último capítulo de un conflicto centenario: la guerra del Yaqui. Era,

179. "Quieren mi sangre."
180. "Plutarco es Manuel González. Yo soy Porfirio Díaz."

182

181

183

en sus palabras, "una brillante oportunidad para acabar con una vergüenza para Sonora".

En mayo de 1927 inicia su campaña presidencial, apoyado por buena parte del Ejército y el Partido Nacional Agrarista, pero con el repudio de la poderosa CROM y de un sector de la opinión pública. Finalmente doblegaría a la CROM y pasaría sobre la opinión, pero antes necesitaba deshacerse de sus contrincantes. Su estrategia la advertiría Gómez, quien por esas fechas comentó al diplomático francés Lagarde que Obregón tenía "un desequilibrio mental" cercano a la "megalomanía" y trataría de precipitar los hechos: "Es una pelea a muerte en la cual uno de los dos tendrá que morir."

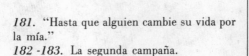

181. "Hasta que alguien cambie su vida por la mía."
182 -183. La segunda campaña.

184

185

186

187

El primero en morir no sería Gómez ni Obregón, sino Serrano. Junto con el viejo general Eugenio Martínez, Gómez y Serrano habían planeado aprehender a Obregón, Amaro y Calles el 1o. de octubre en Balbuena. Martínez delata los planes. Serrano sale de la capital hacia Cuernavaca, donde Antonio Villarreal le avisa que en unos momentos será capturado. Serrano duda, se confía y cae preso. En compañía de un grupo de sus simpatizadores, el general Fox lo acri-

184. Pancho y Álvaro.
185. Pancho al matadero.
186. Gómez: "Obregón es un desequilibrado mental."
187. El epílogo de Huitzilac.

188

189

billa a mansalva en Huitzilac. Al poco tiempo, en Veracruz, Arnulfo Gómez correría la misma suerte. De aquellos sucesos Martín Luis Guzmán extrajo el tema terrible de *La sombra del Caudillo*. Manuel Gómez Morín, en Londres por aquellos días, escribió a un amigo mexicano estas líneas dolorosas:

A tres columnas, en primera plana de hoy, el *Times* da la cruel noticia. La gente comenta con repugnancia...

188. Antes de La Bombilla.
189. Después.

Desde acá México es algo oscuro y sangriento. Pienso en aquellas noches terribles del Bajío en agosto. La tierra y el cielo se juntaban en una densa oscuridad que los relámpagos mismos no podían atravesar. El alma se ensombrecía también y no quedaba un sólo punto de luz. Noches enteras en que se perdía la esperanza de la aurora.

Mi México, mi pobre México.

La guerra civil de la dinastía sonorense no parecía tener fin. En el baño de sangre muy pocos hablaban ya de los ideales de la Revolución. La violencia política parecía mucho más desnuda, dolorosa, cruel y arbitraria que la violencia social de 1910 a 1920. En la Revolución había existido un propósito, una interpretación y hasta cierta poesía. En cambio la violencia por el poder no tenía más que un nombre: asesinato.

Obregón no fue insensible a esta degradación. La vivió, estrictamente, como una caída. El sangriento escenario comenzó a pintarse de negro y Obregón volvió a convocar a los espíritus de su propia muerte, a atraerlos como en las grandes batallas.

Quizá entonces recordó el destino terrible de tantos compañeros

190. Arenga sombría.
191. Penúltima vez que salvó su vida. ▶

Obregon y los pasaje
los yaquis en Vicam, Sor.
Penúltima vez que salvó

...os del tren asaltado por...

...uvida. Fotos Del Periódico Público

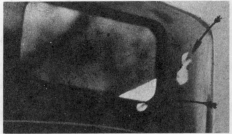

192-193. No le tocaba.
194. Segura Vilchis.
195. Después del atentado, a los toros.

de armas, amigos, enemigos, amigos convertidos en enemigos. Quizá entonces, al ver su muñón desnudo, metáfora de su propia grey decapitada, recordó a su entrañable lugarteniente Jesús M. Garza, el hombre que le había salvado la vida cuando el mismo se la quería quitar.

Un nuevo vertigo debió recorrerlo al pensar en la tragedia de aquel hombre vital que había sido Garza, en su gran amor por la mujer con quien finalmente se casó pero con la cual no pudo vivir en la paz porque la guerra y el alcohol habían desgarrado su alma. Garza, que lo salvó del suicidio, se había suicidado. ¿Qué mayor señal de que el círculo de tiza de la muerte lo encerraba también a él?

En noviembre de 1927 un ingeniero católico apellidado Segura Vilchis atenta contra la vida de Obregón arrojando una bomba a su auto. El general no se inmuta y, sonriendo, acude horas después a su diversión favorita: una corrida de toros. (Días más tarde Segura Vilchis moriría fusilado junto con los hermanos Pro, uno de ellos sacerdote que, supuestamente, habían atrapado en el complot.) En enero de 1928 Lagarde, el diplomático francés, acota en un informe, precavidamente: "Esto sucederá, si es que Obregón llega con vida a

196

196. La última sonrisa.
197. Esperando al Presidente.

197

la Presidencia." La gente en la calle usa frases similares. En Orizaba, bastión cromista, ocurre un nuevo atentado que vuelve a dejarlo impávido. Una noche, en la casa de su antiguo secretario Fernando Torreblanca, Obregón escucha unos disparos y comenta a su hijo Humberto: "No eran para mí." Charlaba poco, ya no bromeaba ni exhibía su antigua locuacidad. Aunque tenía 48 años de edad, parecía notablemente más viejo. El horizonte vital se cerraba y él, de alguna manera, lo sabía, lo esperaba. Quizá hasta oscuramente, desde hacía tiempo, lo deseaba como un alivio al vértigo sangriento, insoportable y fatuo de la victoria. "Viviré hasta que haya alguien que cambie su vida por la mía…"

Héctor Aguilar Camín —el excelente historiador de los sonorenses— recobró una de las últimas imágenes de Obregón: hacia mayo de 1928, en el Náinari,

198

199

200

198. El horizonte vital se cerraba.
199. En el Náinari.
200. En la víspera de la muerte.

201. Rumbo a la muerte.
202. La Bombilla.
203. El pulso seguro de Toral.
204. Los restos.

En el calor abrasante de mayo el general invicto —manco, entre-
cano y ya Presidente reelecto— hace cuentas y expide mensajes
desde el pequeño despacho adornado por el orgullo agrícola de
una gran mazorca de maíz cosechada en sus tierras. Afuera ladran
y aúllan, tan obsesiva como inusitadamente, sus perros de campo.
Obregón pide al chofer que los calle y el chofer sale a callarlos,
pero los perros siguen ladrando. Ordena que se les dé de comer y
les dan, sin que cesen los ladridos. "Denles carne fresca", grita
por la ventana el general, pero la carne fresca tampoco los calma.
Enervado y ansioso, al cabo de una hora de ladridos, el último
caudillo de la Revolución Mexicana cree ver en la tenacidad de la
jauría un augurio formal de su destino. "Sé lo que quieren esos
perros —dice sombríamente a su chofer—: Quieren mi sangre."

El 17 de julio de 1928 su taquígrafo personal escribe con tinta roja una nota de alerta en su agenda. Obregón no la percibe o no quiere percibirla. Toda su vida ha sido una alerta. En el restaurante La Bombilla un grupo de simpatizantes le ofrece un banquete. Alguien comenta: "Mira al general, ¿en qué estará pensando? Parece que ve hacia el infinito." Su asesino se acerca para enseñarle un boceto de retrato y Obregón accede a que le haga uno. Instantes después, mientras los cancioneros entonaban la inocente canción del *Limoncito*, José de León Toral decide cambiar su vida por la del invicto triunfador de la Revolución.

Al poco tiempo se juzgo y ejecutó a Toral. Era tan distinto a su víctima: delgado, oscuro y tembloroso. Casi una sombra. Sobre aquel intercambio mortal, Obregón tenía escrito, desde 1909, su epitafio:

> y aunque distintos sus linajes sean (...)
> en las noches obscuras
> los fuegos fatuos juntos se pasean.

205. "Dios me lo ordenó."
206-207. Sepelios de Toral y Obregón.
208. Tras la mirada, la muerte.

205

206

207

Créditos fotográficos

1. Hemeroteca Nacional. Obregón y María Tapia en su viaje de bodas.
2. Centro de Estudios de Historia de México Condumex. Banda constitucionalista.
3. Archivo Plutarco Elías Calles.
4-5. Hemeroteca Nacional.
6. Archivo Plutarco Elías Calles.
7. Hemeroteca Nacional.
8. Centro de Estudios de Historia de México Condumex. Tumba de Álvaro Obregón en Huatabampo.
9-10. Archivo Plutarco Elías Calles.
11. Hemeroteca Nacional.
12. Centro de Estudios de Historia de México Condumex.
13. Archivo Plutarco Elías Calles.
14. Hemeroteca Nacional.
15. Hemeroteca Nacional. Entrada de Madero a la ciudad de México.
16. Patrimonio Universitario. UNAM.
17-18. Archivo Plutarco Elías Calles.
19. Hemeroteca Nacional.
20. Hemeroteca Nacional. General Emilio P. Campa con su estado mayor en Rellano, Chih., en mayo de 1912 cuando Pascual Orozco desconoció a Madero.
21. Patrimonio Universitario. UNAM.
22-24. Hemeroteca Nacional.
25. Patrimonio Universitario. UNAM.
26. Hemeroteca Nacional.
27-28. The Library of Congress.
29. Hemeroteca Nacional.
30. The Library of Congress.
31. Centro de Estudios sobre la Universidad. UNAM.
32. Hemeroteca Nacional.
33. Centro de Estudios de Historia de México Condumex.
34. Hemeroteca Nacional. Sentados: Álvaro Obregón y Rafael Zubarán Capmany. De pie: Salvador Martínez Alomía, ingeniero Alberto J. Pani, Miguel Alessio Robles, Adolfo de la Huerta y Martín Luis Guzmán.
35. Centro de Estudios sobre la Universidad. UNAM.

36-37. The Library of Congress.
38. Hemeroteca Nacional.
39-40. The Library of Congress.
41. Hemeroteca Nacional.
42. Hemeroteca Nacional. En el grupo Álvaro Obregón, Juan G. Cabral, Lucio Blanco, Francisco R. Serrano, Aarón Sáenz, Jesús Garza, Cienfuegos y Camus, Trujillo, Julio Madero, Benito Ramírez y otros.
43. The Library of Congress.
44-47. Hemeroteca Nacional.
48. The Library of Congress.
49. Hemeroteca Nacional.
50. Hemeroteca Nacional. Revolucionarios maderistas de Durango.
51. Hemeroteca Nacional.
52. Hemeroteca Nacional. Álvaro Obregón en el balcón central de Palacio Nacional en agosto de 1914. Al centro, el general Cosío Robelo.
53. Hemeroteca Nacional.
54. Archivo Plutarco Elías Calles.
55-59 Hemeroteca Nacional.
60. Centro de Estudios sobre la Universidad. UNAM.
61. Hemeroteca Nacional.
62. Centro de Estudios de Historia de México Condumex.
63. Hemeroteca Nacional. En el hotel Saint Francis de la ciudad de México.
64. Hemeroteca Nacional. Eulalio Gutiérrez y Álvaro Obregón entran al teatro Morelos de Aguascalientes a una sesión de la Convención.
65. Hemeroteca Nacional.
66. Hemeroteca Nacional. Álvaro Obregón juega billar con Francisco de P. Mariel en Aguascalientes.
67-68. Hemeroteca Nacional.
69. Centro de Estudios de Historia de México Condumex.
70. Centro de Estudios sobre la Universidad. UNAM.
71-74. Hemeroteca Nacional.
75. Archivo Plutarco Elías Calles. Fortunato Maycotte, Francisco Serrano, Benjamin Hill y Álvaro Obregón exploran los rumbos de San Juan Del Río, Qro.
76. Centro de Estudios de Historia de México Condumex. A la derecha de Álvaro Obregón, el general Francisco Serrano.
77. Archivo Plutarco Elías Calles. Villistas muertos en Celaya.
78. Archivo Plutarco Elías Calles.
79. Hemeroteca Nacional.
80. Archivo Plutarco Elías Calles.
81-83. Hemeroteca Nacional.

84. Dirección General de Derechos de Autor. SEP.
85-86. Archivo Plutarco Elías Calles.
87. Hemeroteca Nacional. José Siurob, Venustiano Carranza y Álvaro Obregón después de la batalla de Celaya.
88. Hemeroteca Nacional.
89. Hemeroteca Nacional. Álvaro Obregón, Pablo González y Jacinto B. Treviño en el restaurante Chapultepec en mayo de 1920.
90. Archivo Plutarco Elías Calles.
91-94. Hemeroteca Nacional.
95. Archivo Plutarco Elías Calles. A la derecha de Obregón, su hermana Cenobia.
96. Centro de Estudios de Historia de México Condumex. Sesión del Congreso Constituyente en la Academia de Bellas Artes de Querétaro.
97. The Library of Congress.
98. Patrimonio Universitario. UNAM.
99. Hemeroteca Nacional. Álvaro Obregón y Plutarco Elías Calles, secretario de Industria y Comercio; atrás de éste, Aarón Sáenz. Atrás de Obregón, su hija Cenobia; en primer término, Humberto y los hijos menores de Obregón.
100. The Library of Congress.
101. Hemeroteca Nacional. Pablo González, Álvaro Obregón y Cándido Aguilar.
102. Centro de Estudios de Historia de México Condumex. Laredo, Texas, diciembre de 1915.
103. Hemeroteca Nacional.
104. Centro de Estudios de Historia de México Condumex.
105. Hemeroteca Nacional.
106-111. Archivo Plutarco Elías Calles.
112-113. Hemeroteca Nacional.
114-117. Archivo Plutarco Elías Calles.
118. Archivo Plutarco Elías Calles. Álvaro Obregón en un barco en las aguas de Colima durante su campaña presidencial.
119. Hemeroteca Nacional. Conductor Margarito Ramírez y garroteros Álvaro Obregón y A. Gutiérrez.
120. Hemeroteca Nacional. Fortunato Maycotte, Álvaro Obregón y Gustavo Elizondo en Guerrero.
121. Hemeroteca Nacional. 1. Álvaro Obregón; 2. Fortunato Maycotte; 3. Rómulo Figueroa; 4. Salvador González; 5. Crisóforo Ocampo; 6. Benito Ramírez; 7. Rafael Lara; 8. Maldonado; 9. Coronel Serrano.
122. Archivo Plutarco Elías Calles. Álvaro Obregón flanqueado por su hija Cenobia, Plutarco Elías Calles, Adolfo de la Huerta y su hermana Cenobia. Entre los concurrentes, el general Francisco Serrano.

123. Centro de Estudios sobre la Universidad. UNAM.
124. Centro de Estudios de Historia de México Condumex.
125. Archivo General de la Nación.
126. Centro de Estudios de Historia de México Condumex.
127. Centro de Estudios de Historia de México Condumex.
128. Centro de Estudios de Historia de México Condumex. Genovevo de la O, Pablo González y Jacinto B. Treviño.
129. Hemeroteca Nacional. Obregón en Tacubaya durante su entrevista con el general Pablo González.
130. Hemeroteca Nacional. Con el gobernador de Arizona en la línea fronteriza.
131. Archivo Plutarco Elías Calles.
132. Archivo Plutarco Elías Calles. Obregón en Álamos, Sonora, durante una gira de trabajo como Presidente.
133-135 Centro de Estudios de Historia de México Condumex.
136-138. Hemeroteca Nacional.
139. Patrimonio Universitario. UNAM.
140-141. Hemeroteca Nacional.
142. Archivo Plutarco Elías Calles.
143-149. Hemeroteca Nacional.
150. Hemeroteca Nacional. Álvaro Obregón abandera a la delegación mexicana que iría a la Olímpiada de París.
151. Archivo Plutarco Elías Calles.
152. Hemeroteca Nacional. Luis Napoleón Morones oficia como "obispo" durante la boda "socialista" de los obreros José Heredia y María Concepción Moreno, llevada a cabo por Eduardo Moneda, secretario general de la Confederación Regional Obrera Mexicana.
153. Hemeroteca Nacional.
154-155. Archivo Plutarco Elías Calles.
156. Centro de Estudios sobre la Universidad. UNAM. Archivo Aurelio Acevedo.
157. Hemeroteca Nacional.
158. Centro de Estudios sobre la Universidad. UNAM. Archivo Roque Estrada.
159. Hemeroteca Nacional.
160. Hemeroteca Nacional. De izquierda a derecha Warren, González Roa, Payne y Ramón Ross.
161. Hemeroteca Nacional. General Francisco Serrano, Álvaro Obregón y Adolfo de la Huerta.
162. Hemeroteca Nacional.
163. Hemeroteca Nacional. Álvaro Obregón pronuncia la oración fúnebre en el sepelio del general Benjamín Hill.
164. Hemeroteca Nacional.
165. Centro de Estudios de Historia de México Condumex. Aurelio Manrique, Álvaro Obregón, Plutarco Elías Calles y Fausto Topete.
166. Hemeroteca Nacional.
167. Archivo Plutarco Elías Calles. Entre los concurrentes, Felipe Carrillo Puerto, Luis León.
168. Hemeroteca Nacional. Obregón toma el tren en Irapuato después de la batalla de Ocotlán.
169. Hemeroteca Nacional.
170. Archivo Plutarco Elías Calles.
171. Centro de Estudios de Historia de México Condumex.
172. Archivo Plutarco Elías Calles.
173-175. Hemeroteca Nacional.
176. Centro de Estudios de Historia de México Condumex. Obregón en Náinari.
177-179. Hemeroteca Nacional.
180. Hemeroteca Nacional. Obregón durante una de sus visitas a Plutarco Elías Calles en el Castillo de Chapultepec. Lo saluda Joaquín Amaro.
181. Hemeroteca Nacional.
182. Centro de Estudios de Historia de México Condumex.
183-185. Hemeroteca Nacional.
186. Hemeroteca Nacional. El general Arnulfo R. Gómez en una visita a Huatusco cuando comandaba la Jefatura de Operaciones de Veracruz, antes de que pensara en la presidencia de la República.
187. Hemeroteca Nacional.
188. Archivo Plutarco Elías Calles. De izquierda a derecha Norma Torreblanca Elías Calles, María Xóchitl Obregón Tapia, Álvaro Obregón Tapia, Francisco Obregón Tapia (de pie), Enrique Polín Tapia (sentado frente a Francisco) y Mayo Obregón Tapia.
189-190. Hemeroteca Nacional.
191. Centro de Estudios de Historia de México Condumex.
192-195 Hemeroteca Nacional.
196-198. Hemeroteca Nacional.
199. Archivo Plutarco Elías Calles.
200-201. Hemeroteca Nacional.
202. Centro de Estudios sobre la Universidad. UNAM. Archivo Magaña.
203-207. Hemeroteca Nacional.
208. Archivo Plutarco Elías Calles.

Bibliografía

AGUILAR CAMÍN, Héctor, *Saldos de la Revolución, Cultura y política de México, 1910-1980*, Editorial Nueva Imagen, México, 1982.
——, *La frontera nómada*, Siglo XXI Editores, México, 1977.
——, "Los jefes sonorenses de la Revolución Mexicana", en D.A. Brading (comp), *Caudillos y campesinos en la Revolución Mexicana*. Fondo de Cultura Económica, México, 1985.
AGUILAR MORA, Jorge, *Un día en la vida del general Obregón*, Martín Casillas y SEP, México, 1982.

ALESSIO ROBLES, Miguel *Senderos*, Imp. Manuel León Sánchez, México, 1930.
——, "La estrategia de Obregón", en *El Universal*, de diciembre de 1936.
——, "La figura de Obregón", en *Novedades*, 22 de junio de 1941.
——, "La oportunidad y la decisión en la política", en *El Universal*, mayo, 1939.
——, "Obregón, su vida y su carácter", en *El Universal*, 29 de mayo de 1939.
AMAYA, Juan Gualberto, *Los gobiernos de Obregón, Calles y regímenes "peleles" derivados del callismo*, Edición del autor, México, 1947.

ANÓNIMO, *¿Quién es Obregón?*, Librería de Quiroga, San Antonio, Texas, 1922.
BAILEY, David, C., "Obregón. Mexico's Accommodating President", en George Wolfskill y Douglas Richmond (comps.), *Essays on the Mexican Revolution. Revisionist Views of the Leaders*, University of Texas Press, Austin y Londres, 1979.
BARRERA, Carlos, *Obregón, estampas de un caudillo*, s.e., Méjico, 1957.
BASSOLS BATALLA, Narciso, *El pensamiento de Álvaro Obregón*, Ediciones El Caballito, México, 1970.
BOJÓRQUEZ, Juan de Dios, *Forjadores de la*

Revolución Mexicana, Biblioteca del Instituto Nacional de Estudios Históricos de la Revolución Mexicana, México, 1960.

——, "El general Obregón y el Plan de Agua Prieta", en *Excélsior*, 29 de enero de 1958.

BURGOS, Oswaldo, "Los cuentos del general Obregón", en *Revista de Revistas*, 11 de abril de 1926.

CARR, Barry, *Labour and Politics in Mexico, 1910-1920*, Oxford University, septiembre de 1974.

CASASOLA, Gustavo, *Biografía ilustrada del general Álvaro Obregón*, Ed. Gustavo Casasola, México, 1975.

CERVANTES, Juan B., *Obregón ante la historia*, edición del autor, México, 1924.

DILLON, Emile Joseph, *President Obregon —A World Reformer*, Hutchinson, Londres, 1922.

DILLON, Richard, "Del Rancho a la Presidencia", en *Historia Mexicana* VI octubre-diciembre de 1956.

DULLES, J. W., *Yesterday in Mexico. A chronicle of the Revolution 1919-1936*, University of Texas Press, Austin, 1961.

GARCÍA NARANJO, Nemesio, "El presidente Obregón", en *Omega*, 4 de diciembre de 1924.

——, "Obregón y la ciudadanía", en *Hoy*, 23 de junio de 1951.

GIL, Feliciano, *Biografía y vida militar del general Álvaro Obregón*, Imprenta M. F. Romo, Hermosillo, Sonora, 1914.

GÓMEZ ROBLEDO, Antonio. *Los tratados de Bucareli ante el Derecho Internacional*, Editorial Polis, México, 1938.

GONZÁLEZ GUERRERO, F., "Enciclopedia mínima: La memoria del general Obregón", en *El Universal Gráfico*, 19 de febrero de 1929.

GRUENING, Ernest H., *México and its Heritage*, Stanley Paul and Company, Londres, 1928.

GUZMÁN ESPARZA, Roberto, *memorias de don Adolfo de la Huerta*, Ed. Guzmán, México, 1957.

HALL, Linda B. *Álvaro Obregón. Power and Revolution in Mexico, 1911-1920*. Texas A&M University Press, 1981.

HANSIS, Randall George, *Álvaro Obregón, the Mexican Revolution and the Politics, of Consolidation 1920-1924*, tesis the University of New México, 1971.

LIEUWEN, Edwin, *Mexican Militarism 1910-1940. The political rise and Fall of the Revolutionary Army*, The University of New Mexico Press, 1968.

LOYOLA DÍAZ, Rafael, *La crisis Obregón-Calles y el estado mexicano*, Siglo XXI Editores, México, 1980.

MATUTE, Álvaro, *Historia de la Revolución Mexicana 1917-1924, La carrera del Caudillo*, El Colegio de México, México, 1980.

MENA, Mario A., *Álvaro Obregón. Historia militar y política 1912-1929*. Editorial Jus, México, 1960.

MONROY DURÁN, Luis, *El último caudillo: Apuntes sobre la historia acerca del movimiento armado de 1923*, Ed. J. S. Rodríguez, México, 1938.

OBREGON, Álvaro. *Ocho mil kilómetros en campaña*, Fondo de Cultura Económica, México, 1959.

PIÑA, Joaquín. "¡Ya me estoy aburriendo! dijo Obregón", en *Así*, 27 de septiembre de 1941.

PUENTE, Ramón, *La dictadura, la revolución y sus hombres*, Imprenta Manuel L. Sánchez, México, 1938.

QUIRK, Robert E., *The Mexican Revolution and the Catholic Church 1910-1929*. Indiana University Press, Bloomington y Londres 1973.

QUIROZ, Sonia, *De guerreros a generales (los primeros pasos hacia la institucionalización del ejército mexicano en el interinato de Adolfo de la Huerta*, tesis, UNAM, 1982.

ROMERO, José Rubén, *Álvaro Obregón, aspectos de su vida*, Editorial Jus, 1978.

TARACENA, Alfredo. *La verdadera Revolución Mexicana*, Editorial Jus, 1961.

Bibliografía complementaria

BRADING, D.A. (comp.), *Caudillos y campesinos en la Revolución Mexicana*, Fondo de Cultura Económica, México, 1985.

GUZMAN, Martín Luis, *La sombra del caudillo*, en *Obras completas*, Fondo de Cultura Económica, México, 1985.

KRAUZE, Enrique, *Caudillos culturales en la Revolución Mexicana*, Siglo XXI Editores, México, 1976.

MATUTE, Álvaro, *Historia de la Revolución Mexicana. La carrera del Caudillo*, El Alegro de México, México, México. 1980.

MEYER, Jean, *La Cristiada* (3 tomos), Siglo XXI, Editores México, 1973-1974.

——, "Los obreros en la Revolución Mexicana. Los Batallones Rojos" en *Historia Mexicana*, vol. XXI, julio-septiembre de 1971, núm. 1.

ROSALES, Hernán: "La niñez extraordinaria del General Obregón", en *El Legionario*.

ULLOA, Berta, *Historia de la Revolución Mexicana. La revolución escindida*, El Colegio de México, México, 1976.

——, *Historia de la Revolución Mexicana, La encrucijada de 1915*. El Colegio de México, México, 1979.

Índice

Este libro se terminó de imprimir y encuadernar
en el mes de julio de 1997 en Impresora y En-
cuadernadora Progreso, S. A. de C. V. (IEPSA),
Calz. de San Lorenzo, 244; 09830 México, D. F.
Se tiraron 5 000 ejemplares.